BALADES DANS LES VILLES DE L'ISÈRE

VUE D'UN ARTISTE

RICHARD COLE

Publié en 2021 par

Coeur de Lion Press,

1 Lansdowne Grove, Devizes, Wiltshire, SN10 1NZ.

Copyright © Richard Cole.

Graphisme et réalisation: Off the Wall Associates, The Studio, 21 Denmark Road, London, SW19 4PG.

Traduit de l'anglais par Scholastique Dugueyt

Tous droits de reproduction, d'adaptation, de traduction et de représentation des textes et des illustrations réservés pour tous les pays.

Ouvrage publié avec le concours de la Librairie Britannique.

ISBN: 978 - 1 - 9160957 - 0 - 0

Achevé d'imprimer en Angleterre par Empress Litho Ltd.

MOIN - CARTUSIAN *Gravure sur bois.*

Pour Keith et Noelle

CARTE DES DESSINS ET PEINTURES QUE VOUS TROUVEREZ DANS CET OUVRAGE...

Avant - Propos
Foreword

Cela fait maintenant bien plus d'un demi-siècle que je suis arrivé en France où j'ai découvert le village de Saint Geoire en Valdaine dans la région de l'Isère. J'y possède aujourd'hui une forge du XVIème siècle et un atelier. Les pentes majestueuses du massif de la Chartreuse et la magnifique campagne du Dauphiné m'émerveillent encore, l'architecture locale continue de m'intriguer et les vigoureux campagnards demeurent une source d'inspiration.

J'ai de bons souvenirs de ma première visite en 1962. Je n'avais jamais été à l'étranger auparavant et je ne parlais pratiquement pas le français quand Keith Dickson, un ami écossais de ma jeunesse, m'a invité à lui rendre visite. Journaliste, il avait pris un congé sabbatique pour parfaire sa connaissance de la langue et travaillait alors dans une usine du coin.

Le premier soir, il m'a emmené dans l'un des cafés du village où j'ai commencé à esquisser les habitants truculents et démonstratifs en train de jouer aux cartes. Le vin coulait généreusement et au fil des heures mes dessins devenaient de plus en plus outranciers. Quand les joueurs et les spectateurs se sont vus dans mes croquis, ils ont éclaté de rire et à l'heure de la fermeture j'étais adopté !

Après mon retour à Londres, la vie est devenue de plus en plus trépidante et ma carrière d'illustrateur et de cartooniste pour les journaux nationaux et la télévision s'est accélérée. J'avais de moins en moins de temps libre, mais je continuais à retourner au village

It is now well over half a century since I first came to France and discovered the village of Saint Geoire en Valdaine in the Isère region where I now own a beautiful 16th century forge and studio. The majestic slopes of the Chartreuse mountains and the magnificent Dauphiné countryside still take my breath away, the local architecture continues to intrigue me, and the forceful rural characters remain an inspiration. I have fond memories of my first visit in 1962. I had never been abroad before and I spoke practically no French when Keith Dickson, a Scottish friend from my youth, invited me to pay a visit; He'd taken a sabbatical from journalism to perfect his knowledge of the language and was working in a local factory.

On the first evening he took me to one of the village cafés where I began sketching the argumentative and demonstrative locals playing cards. The wine flowed generously and, as the hours passed, my drawings became increasingly outrageous. When the players and onlookers saw themselves in my sketches they roared with laughter and by closing time I'd been adopted.

After returning to London, life became increasingly busy and my career as a cartoonist and illustrator for national newspapers and television accelerated. I had less and less free time, but I kept returning to the village whenever I could to renew friendships and paint the local people and the landscapes.

chaque fois que je le pouvais pour entretenir mes amitiés et peindre la population locale et les paysages.

Au fil des ans, j'ai été attiré par un nombre sans cesse croissant de villes et villages Isèrois et j'ai fait des sorties pour les peindre et les esquisser. Il s'agit entre autres, à l'est de Saint Geoire en Valdaine, de Saint Pierre d'Entremont qui se trouve à la frontière avec la Savoie ; au nord, Morestel, la cité des peintres, Crémieu, Pont de Beauvoisin et au sud, les villes de Voiron et de Saint Pierre de Chartreuse.

Ce livre est un hommage aux amis français que je me suis fait et au riche patrimoine des villes et villages qui m'ont procuré une grande source de plaisir artistique.

Over the years I have been attracted by more and more towns and villages in the area of the Isère and have made sorties to paint and sketch them. They include amongst others, to the east of St Geoire, St Pierre d'Entremont which is on the border with the Savoie region, Morestel, the city of painters and Crémieu. Pont de Beauvoisin to the north, also on the border with the Savoie and to the south the towns of Voiron and St Pierre de Chartreuse.

This book is a tribute to the French friends I have made and to the rich heritage of the towns and villages that have given me a great source of artistic pleasure.

VOIRON, VUE DU VAL D'ISÈRE, VERS GRENOBLE EN 1967 Aquarelle. Le premier tableau j'ai peint en france.

SAINT GEOIRE EN VALDAINE, Aquarelle et conté.

Sommaire/Contents

- 5. Avant-Propos / Foreword
- 8. Crémieu
- 14. Morestel
- 22. Saint-Chef
- 26. Voiron
- 36. Pont-de-Beauvoisin
- 48. Les Abrets
- 50. St-Pierre-d'Entremont
- 60. Le Château
- 62. Corbel
- 64. Miribel-les-Échelles
- 66. Entre-Deux-Guiers
- 68. St-Christophe-la-Grotte
- 70. St-Laurent-du-Pont
- 78. Le Monastère de la Grande Chartreuse
- 80. St Pierre-de-Chartreuse
- 82. La Tour-du-Pin
- 90. Château de Virieu
- 94. Lac de Paladru
- 96. Saint-Geoire-en-Valdaine
- 104. Velanne
- 106. Château de Longpra

CRÉMIEU

Je n'aurais jamais pensé quand je suis entré dans Crémieu que je marcherais sur les traces du célèbre artiste Corot (1796-1875) et de ses disciples. Au-dessus de la ville, au sommet des falaises de Saint-Hippolyte, on peut voir les fortifications entourant les ruines du prieuré bénédictin du X11ème siècle et en dessous le vaste marché couvert construit après 1434. Il est impressionnant avec son énorme charpente à poutres apparentes qui s'étend le long de la rue sur au moins 60 mètres. En portant votre regard dans toutes les directions, vous pouvez voir de merveilleux bâtiments anciens nichés dans le paysage.

La ville a commencé à se développer au X111ème siècle lorsqu'en 1282 les ruines du château royal, situé sur les pentes sud de la colline Saint-Laurent, ont été restaurées par les Dauphins de La Tour. Hélas le château n'est pas ouvert à la visite mais la promenade amenant au site par d'anciens chemins pavés vous offre une vue magnifique sur la ville. Là, vous pourrez également admirer la statue d'une sainte en pierre blanche, Notre Dame de la Salette, surplombant la chapelle à côté du portail du château.

PORTE DE LA LOI DU X1Ve SIÈCLE, Aquarelle et conté.

En 1315, la ville a fini par obtenir des droits de commerce civiques et a alors commencé à prospérer. Elle a été favorisée 42 ans plus tard par l'établissement d'un hôtel de la monnaie qui, à son tour, a attiré une importante communauté juive. La ville était alors devenue un important centre de commerce de céréales en France car elle se trouvait au carrefour des routes de la Suisse, de la Savoie et de l'Italie.

Un mur fortifié de près de 2 kilomètres de long avec 9 portes et 14 tours a été construit autour de la ville au milieu du XVème siècle. L'impressionnante Porte de La Loi qui vous accueille lorsque vous entrez dans la ville est le dernier vestige de cette période. Marcher à travers la porte arquée avec son imposante

HALLE DU XVe, SIÈCLE, Aquarelle et conté.

structure au-dessus de vous est formidable. On voit en haut les hourds en pierre qui soutenaient à l'époque un balcon en bois. En tournant à droite vers la grande Place de la Nation, vous trouvez devant vous le cloître du Couvent des Augustins du XV11ème siécle avec son beau jardin. La lourde couverture du toit de lauzes s'élève de manière spectaculaire jusqu'à la tour de

PLACE DE LA POYPE, *Aquarelle et conté.*

l'église. Il fait partie des nombreux monastères et couvents bâtis à Crémieu à cette époque.

En 1702 lorsque les foires annuelles ont été supprimées, les gens de la ville ont définitivement été contraints de se tourner vers

CLOITRE, XVIIe SIÈCLE DU COUVENT DES AUGUSTINS, Aquarelle et conté.

les industries du textile et du cuir. Se promener dans les rues de la ville est un régal pour les yeux de par ses anciens édifices cachés et de par ses ruines du château avec ses remparts médiévaux.

Aujourd'hui encore, il est facile de comprendre pourquoi Corot et ses disciples ont été inspirés par le charme de Crémieu.

I never thought when I entered Crémieu that I would be walking in the footsteps of the celebrated artist Corot (1796-1875) and his followers. High up over the town on the cliffs of Saint-Hippolyte you can see the walls surrounding the ruins of the 12th century Benedictine Priory and below the extensive covered market built after 1434. It is impressive with its enormous wood beamed interior roof structure that stretches at least 60 metres along the street. Looking in all directions you can see wonderful ancient buildings nestled in the landscape. The town started to develop in the 13th century when the royal castle ruins on the southern slopes of Saint-Laurent Hill were restored in 1282 by the Dauphins of La Tour. Sadly the castle is not open to visits, but the walk up to the site over ancient cobbled steps and passageways gives you a good view of the town. The view is also shared with a white female stone statue of a saint, Notre Dame de la Salette on top of the chapel next to the castle's gate.

Eventually the town was granted civic trading rights in 1315 and it began to prosper. It was helped 42 years later by the establishment of a mint which in turn attracted an important Jewish community. The town had become an important trading centre for cereals in France as it was on the route to Switzerland, Savoy and Italy. It also benefited as it was strategically placed for the French expeditionary forces incursions into Italy.

CHÂTEAU DELPHINAL DU XIIe SIÈCLE, Aquarelle et conté.

A fortified wall almost 2 kilometers long with 9 gates and 14 towers was built around the town in the middle of the 15th Century. The impressive Porte de La Loi that greets you when you enter the town stands alone and dates from that period. Walking through the arched gate with the structure towering above you is awesome. The remains of stone 'hourds' which presumably supported a walkway jut out high up under the roof. Ahead of you as you turn right into the large square Place de la Nation is the cloister of the 17th century Convent of Augustins with its attractive garden. The heavy stone tiled roof scoops its way dramatically up to the church tower. It was one of many monasteries and convents that were being built in Crémieu at that

ÉGLISE DES AUGUSTINS, XIV - XVIe SIÈCLE, Aquarelle et conté.

time following the village's decline in trade. The town's people were finally forced to turn to the leather and textile industries when the annual trade fairs were supressed in 1702. Walking around the streets in the town your eye feasts on ancient buildings tucked away, the ruins of the castle, and its medieval ramparts. It is easy to see even today why Corot and his followers were inspired by the romance of Crémieu.

GRANDE RUE, Aquarelle et conté.

Morestel

Morestel est une ville avec une riche histoire médiévale. En arrivant dans la grande rue principale j'ai été impressionné par le clocher carré de l'église St Symphorien, ancienne chapelle du Couvent des Augustins du XVème siècle avec sa tour coiffée d'une tourelle en poivrière. Il surplombe les imposants remparts médiévaux, la route principale étant située juste en dessous. Le marché hebdomadaire du dimanche matin s'étend tout au long de cette grande rue et au-delà de son marché couvert, Les Halles.

Le quartier historique se trouve sur un éperon rocheux, fortifié à l'origine. Au cours de la période médiévale, on y accédait par deux portes situées chacune à une extrémité du mur d'enceinte: la Porte Saint Symphorien et la Porte Murine. Le jambage de la Porte St Symphorien est encore visible depuis la place Antonin Chanoz. Au sommet de l'escalier Montée Porte Murine, je suis allé dans la rue Blanche bordée de ses belles maisons anciennes puis j'ai gravi la colline jusqu'à la rue François - Auguste Ravier, unique rue commerçante de la ville au Moyen-Age. La rue serpente en côte au cœur de la bourgade. En la remontant, j'aimais regarder les édifices anciens tout en imaginant comment cela avait pu être dans les siècles passés.

MONTÉE PORTE MURINE, *Aquarelle et conté.*

Dans la première moitié du XIIème siècle un château surplombait la ville, mais tout ce qu'il en reste aujourd'hui est la Tour Médiévale. Le Château a été détruit pendant les guerres de religion et finalement démoli en 1575. Toutefois, la tour du XIVème siècle, à l'origine un donjon utilisé pour y enfermer les prisonniers, a été réhabilitée en d'impressionnantes salles intérieures pour l'exposition d'œuvres d'artistes contemporains. Le haut de la tour offre une très belle vue sur les toits de la ville et les monts environnants.

Morestel est connu comme la « Cité des Peintres » attirant d'innombrables artistes au fil des ans. Je ne fais pas exception ! Un artiste tenu en haute estime est François-Auguste Ravier (1814 -1895). C'était un peintre paysagiste précurseur de l'impressionnisme qui vécut dans la ville pendant 28 ans. Sa belle demeure dans la partie médiévale de la ville a été achetée par la

RUE DES AUGUSTINS, Aquarelle et conté.

PLACE DES HALLES, *Aquarelle et conté.*

commune de Morestel en 1983 et transformée en musée en 1992 pour abriter et mettre en valeur ses œuvres. Le musée réalise également des expositions d'artistes internationaux de mars à octobre.

Auguste Ravier est né à Lyon et a étudié le droit, mais a décidé d'y renoncer et de se consacrer à sa passion pour la peinture. À Paris où il suit une formation d'artiste, il est inspiré par le mouvement de l'école de Barbizon. Tôt dans sa carrière, il a rencontré l'artiste Camille Corot (1796-1875) qui est devenu un ami de grande influence tout au long de sa vie. Il admirait beaucoup le travail de l'artiste anglais William Turner (1775-1851) maintenant considéré comme le père de l'impressionnisme. Dans la poursuite de sa passion pour rendre dans ses tableaux les effets de la lumière sur le paysage, Ravier a

TOUR MÉDIÉVALE, *Aquarelle et conté.*

estimé qu'il avait plus en commun avec Turner que n'importe quel autre artiste.

Dans ses jeunes années, Ravier a voyagé en Italie pour peindre les paysages, mais il a passé la plupart de ses années de maturité à peindre localement, à l'aube et au crépuscule, autour de Morestel et de Crémieu. Aquarelliste et peintre d'huiles accompli, il n'avait pas besoin de vendre ses œuvres pour entretenir sa famille car il avait des revenus de ses rentes et des propriétés qu'il possédait. Il menait une vie tranquille et a rarement exposé ses peintures, trop avant-gardistes. Il préférait les donner à ses amis ou à ses admirateurs. Le musée a réussi à retracer et à obtenir un grand nombre de ses œuvres au cours des années pour les ajouter à sa collection. Malheureusement Ravier a été contraint de renoncer à la peinture lorsque, suite à un glaucome, il a perdu la vue d'un œil en 1884 puis a fini par devenir totalement aveugle cinq ans plus tard. J'ai trouvé ma visite au musée très plaisante et son œuvre, la maison et son cadre, impressionnants.

Au sommet de la rue François-Auguste Ravier il y a une petite ruelle pavée, La Muette, qui descend le long du mur du musée. On la considérait comme un moyen calme et discret de quitter la ville si, pour une raison quelconque, vous ne vouliez pas être observé. Et j'ai filé à l'anglaise!

RUE F.A.RAVIER, *Aquarelle et conté.*

MORESTEL is a town with a rich medieval history. On first entering the wide main street I was impressed by the square bell tower of the church of St Symphorien and the 15th Century chapel of the Convent d'Augustins with its unusual pepper pot shaped tower. It overlooks the imposing medieval ramparts located just beneath them and the weekly Sunday morning covered market which extends the length and breadth of Place des Halles.

The ancient town sits on a rocky outcrop and was originally fortified. During the medieval period there were two gates at either end of the walled city, La Porte Saint-Symphorien and La Porte Murine. The abutment of the former is still visible from Antonin Chanoz Square. At the top of the flight of steps, Montée Porte Murine I entered rue Blanche with its attractive old houses and climbed the hill to rue François-Auguste Ravier. This was the ancient town's only market trading street and it climbs and twists through the heart of the town. Walking up the street I enjoy looking at the old buildings imagining what it must have been like in past centuries.

MAISON RAVIER, Aquarelle et conté.

In the first half of the 12th Century the town supported a castle, but all that remains today is the Medieval Tower. The castle was destroyed during the religious wars and eventually demolished in 1575. The 14th Century tower however was originally a dungeon used to house prisoners and has been restored with impressive interior rooms for exhibiting artworks by contemporary artists. From the top of the tower there is a great view of the roofs of the town and the surrounding mountains.

Morestel is known as 'The City of Painters' attracting countless artists over the years. I am no exception! One artist held in high esteem is François-Auguste Ravier (1814 -1895). He was an early impressionist landscape painter who lived in the town for 28 years. His grand house in the medieval part of the town was bought by the municipality of Morestel in 1983 and transformed into a museum in 1992 to house and celebrate his works. It also mounts exhibitions of international artists from March to October.

Auguste Ravier was born in Lyon and studied law, but decided to give it up and follow his passion for painting. He went to Paris and socialised with painters from the Barbizon school of art movement. Early in his career he met the artist Camille Corot (1796-1875) who became his friend and a great influence throughout his life. He greatly admired the work of the English artist William Turner (1775-1851) who is now considered to be the father of Impressionism. In pursuing his passion for rendering the effects of light in his landscape paintings, Ravier felt he had more in common with Turner than anyone else.

In his early years he travelled to Italy to paint the landscapes but spent most of his later years painting at dawn and at dusk locally around Morestel and Crémieu. An accomplished watercolourist and painter in oils he had no need to sell his work to support his family as he had private means from renting out land and the property he owned. He

RUE BLANCHE ET MAISON RAVIER, Aquarelle et conté.

lived a quiet life and rarely exhibited his paintings which were ahead of his time, preferring to give them to friends or admirers. The museum has managed to source and obtain many of his artworks over the years to add to their collection. Sadly Ravier was forced to give up painting when he lost the sight in one eye in 1884 from glaucoma and eventually became totally blind five years later. I found my visit to the museum very enjoyable, his work, the house and its setting were impressive.

At the top of Rue François-Auguste Ravier there is a narrow cobbled alleyway, La Muette, (speechless, silent) which runs down alongside the Museum's wall. This was considered a discreet quiet way to exit the town if you didn't for any reason want to be observed. I retired gracefully!

SAINT - CHEF

L'ancienne église abbatiale de Saint Chef avec sa grande tour rectangulaire en pierre, accolée en son centre à son toit de tuiles et de bardeaux en bois, domine le bourg. Elle a été construite au X1ème siècle sur les fondations d'une vieille église dans un pur style roman, la seule exception étant le portail principal qui est gothique. C'est l'une des églises antiques les plus importantes de France pour sa chapelle haute, décorée au Moyen Age de très précieuses fresques d'archanges et de scènes de l'Apocalypse exceptionnellement bien conservées. Le visiteur a le privilège de voir un merveilleux et rare exemple de la façon dont les chapelles antiques étaient décorées. Le fait que les fresques aient été préservées dans un tel état de conservation est remarquable. Comme dans la plupart des environnements sensibles, l'accès est limité à quelques visites dans l'année car les fresques sont vulnérables aux changements d'humidité et risqueraient d'être détériorées.

On accède facilement à d'autres parties de la commune qui possède un musée couvrant l'histoire de Saint Chef sur une période de quinze siècles et commémorant la vie d'importants comédiens, écrivains et inventeurs qui sont nés ou ont vécu là. Leurs célébrités sont Frédéric Dard, auteur prolifique de 300 livres dont 200 sur le commissaire San Antonio, son personnage littéraire le plus célèbre ; Louis Seigner, comédien et père d'une dynastie d'acteurs ; Marius Riollet, historien et poète, et Antoine Bonnaz, enfant de Saint Chef et inventeur de la fameuse machine à broder, la " couso - brodeur " à l'âge de 27 ans et qu'il a brevetée en 1865. La place principale de Saint Chef porte maintenant son nom et lui-même est enterré au cimetière du village.

ABBAYE DE SAINT CHEF, Aquarelle et conté.

Le centre du bourg a selon moi, face à l'entrée de l'église, Place Louis Seigner, une fontaine bizarre. J'utilise le mot bizarre parce que la tête dressée de la fontaine, sa forme et le fait que l'eau jaillit hors d'elle

PLACE LOUIS SEIGNER, *Aquarelle et conté*

PLACE DE LA MAIRIE, Aquarelle et conté.

l'apparente incontestablement à un pénis géant ! Il y a aussi quelques lourdes boules de pierre à la base de la fontaine, ce qui soutient mon argument. Au fil des ans, il a sûrement été source de beaucoup d'amusement et de sourires en coin des visiteurs.

Ce que j'ai également apprécié non loin de la fontaine emblématique, c'était une vieille grange ouverte avec inscrit en grands caractères " INSTRUMENTS AGRICOLES " sur une longue poutre courbe.

The ancient church, Abbey of Saint Chef with its tall rectangular stone tower faced beneath its tiled roof with wooden shingles, dominates the town. It was built on the foundations of an old church in the 11th century in a pure Roman style, the only exception being the main entrance door which is Gothic. It is one of the most important ancient churches in France as it has on the walls of its high chapel some very precious frescos from the Middle Ages in an exceptional state of preservation which portray archangels and scenes from the Apocalypse. The visitor can witness a wonderful rare example of how ancient chapels used to be decorated. The fact that they have been preserved in such an amazing condition is remarkable. Like most sensitive environments access is restricted to a few occasions throughout the year because they are very vulnerable to changes in humidity and liable to deteriorate.

Easy access is available to other parts of the town which has a museum that covers the history of Saint Chef over a period of fifteen centuries and celebrates the lives of their important actors, writers and inventors who were born in or lived in the town. Their celebrities are Frédéric Dard a prolific author of 300 books. 200 of his books concern Commissioner San-Antonio his most famous literary character. Louis Seigner, actor and father of an acting dynasty. Marius Riollet historian and poet, and Antoine Bonnaz a son of Saint Chef who invented 'The chain stitch and embroidery sewing machine,' at the young age of 27 years. He patented it in 1865. The main square in Saint Chef is now named after him.

The centre of the town has in front of the entrance to the church in Place Marius Riollet, what is to my mind a bizarre fountain. I use the word bizarre because the erect head of the fountain, its shape and the fact that water spurts out of it, is indisputably a giant penis! There are also some heavy stone balls placed at the fountain's base which must endorse my argument. Surely it must have caused a lot of amusement and smirking from visitors over the years.

What I also enjoyed not far away from the iconic fountain was an old open barn with the large lettering 'INSTRUMENTS AGRICOLES' inscribed on a long curved beam.

Voiron

Dans la descente sur Voiron, la vue sur l'église néogothique du X1Xème siècle, Saint Bruno, est très impressionnante. Ses tours jumelles s'imposent fièrement devant les montagnes de la Grande Chartreuse et son toit en céramique colorée scintille sous les rayons du soleil. Financée par les moines Chartreux du monastère voisin, elle a été construite en 1873.

La distillerie des caves de la Chartreuse, qui produit la fameuse liqueur verte et jaune, est une industrie importante de la ville, tout comme la société Rossignol qui fabrique des skis ou la Maison Bonnat qui élabore son chocolat pour des amateurs gourmets comme moi.

La distillerie de la Chartreuse, qui possède la plus grande cave de liqueur au monde, est ouverte à la visite. Un film en 3D présente l'histoire de la distillerie ainsi que celle du monastère et de la vie contemplative observée par les moines de l'Ordre Carthusien. La " pièce de résistance " vous est offerte à la fin du tour avec la dégustation de la Chartreuse verte à 55% vol ou de la Chartreuse jaune à 40% vol. Elle a un goût très spécifique que j'apprécie particulièrement dans la crème glacée. L'élixir de Chartreuse, fabriqué depuis 1737, est très fort, 71% vol d'alcool et est vendu en petite bouteille de verre de 10cl dans un beau coffret de bois. On prétend que c'est l'élixir de la vie, probablement l'une des raisons pour lesquelles sa composition est un secret si bien gardé. Déjà confiée

L'ÉGLISE SAINT BRUNO, *Aquarelle et conté.*

aux pères carthusiens en 1605 par le Maréchal d'Estrées, la précieuse recette n'est aujourd'hui connue que par trois moines élus. On dit que lorsqu'ils descendent du monastère jusqu'à la distillerie pour doser le mélange des 130 plantes médicinales et aromatiques variées, ils viennent, pour la sécurité, en voitures séparées.

À l'origine, au XVIIIème siècle, l'industrie de Voiron était célèbre pour sa fabrication de toile de chanvre, utilisée pour réaliser des tentes et des voiles de bateaux.

Au siècle suivant, le déclin de la production de toile de chanvre laisse place à la fabrication de la soie, et autour de la 1ère Guerre Mondiale, la ville comptait jusqu'à trois mille métiers à tisser en activité.

Chaque mercredi et samedi, un marché réputé attire des hordes de clients dans la ville et rend le stationnement difficile car il occupe la zone principale de parking. Ce marché s'étend sur toute l'avenue depuis l'église de St Bruno jusqu'au delà des arches ferroviaires ; telle une ruche débordante d'activité, il fournit un grand choix de fruits et de produits frais locaux. Un jour j'ai peint le fameux stand d'olives qui en propose toujours une grande variété. Le marché du samedi vend surtout des vêtements et du matériel.

Je ne me lasse pas du Musée d'Art de Mainssieux installé en centre ville dans une grande maison bourgeoise du XVIIIème siècle. Lucien Mainssieux était artiste, musicien, collectionneur et critique d'art. Tout au long de sa vie, il a constitué une belle collection de peintures françaises des XIX et XXème siècles, notamment des toiles

BONNAT ET CHARTREUSE, *Une collâge de Voiron, Aquarelle et conté.*

de Corot, Courbet, Ravier ainsi que d'autres peintures de ses contemporains.

Une curieuse brasserie, " Les Archers ", située dans la grande rue, est décorée de grandes peintures anciennes d'archers médiévaux (certes dans le besoin d'être restaurées, mais qui peut se le permettre de nos jours ?), qui créent une bonne ambiance; vous pouvez également vous asseoir en terrasse et regarder passer la vie voironnaise.

Perchée sur une colline surplombant la ville se trouve la statue de Notre Dame de Vouise, tenant l'Enfant Jésus dans ses bras. La statue elle-même est en cuivre, juchée sur une grande tour ronde en pierre. Ayant récemment été restauré, son cuivre nettoyé du gris vert brille à nouveau au soleil. Cela vaut certainement la peine d'y monter si vous ne craignez pas une promenade ardue dans les collines. Après l'escalade d'une volée étroite de marches de pierre en spirale, où je vous souhaite de n'y croiser personne à mi-hauteur, la vue depuis le sommet de la tour sur le paysage environnant et sur la chaîne de montagnes est spectaculaire.

L'ÉGLISE DE ST BRUNO AVEC LA STATUE DE NOTRE DAME DE VOUISE, *Aquarelle et conté.*

LE COURS SENOZAN, Aquarelle et conté.

The view of the 19th century Neo Gothic church of St Bruno is impressive as you descend the main road into Voiron. It's twin towers are imposing as they stand proud in front of the Chartreuse Mountains. The churches' coloured ceramic roof tiles shimmer in the sunlight. Built in 1873 it was financed by the Carthusian monks of the Grand Chartreuse monastery.

The Chartreuse Distillerie producing the world famous green and yellow liqueur is an important industry in the town, along with the company Rossignol who make skis, and not forgetting Maison Bonnat Chocolatier especially if you are chocolat gourmet like me.

The Chartreuse distillery which boasts the largest liqueur cellar in the world is open for visits. A 3D film explaining the history of the Monastery, the distillery and the life style of the silent order of the Carthusian monks is shown. The pièce de la résistance at the end of the tour is that you get an oportunity to sample a free taste of the green Chartreuse 55% vol and the yellow Chartreuse 40% vol. It has a very distinctive taste and I do particularly enjoy it as a flavour in ice cream. The Chartreuse elixir manufactured since 1737 is very strong, 71% alcohol and is sold in a small 10cl glass bottle in a beautiful wooden case. It claims to be the elixir of life which is probably one of the reasons why the recipe is such a highly guarded secret. The precious liqueur recipe which was entrusted to the Carthusian Fathers in 1605 by Maréchal d'Estrées is known only by three chosen monks. It is rumoured that

RUE MONTGOLFIER, *Aquarelle et conté.*

when they travel down from the monastery to the distillery to blend the large variety of 130 medicinal and aromatic plants, they travel for safety in separate cars as the 'elixir of life' carries no guarantee!

Originally Voiron's industry in the 18th century was famous for making canvas from hemp, which was used for making tents and sails. The following century canvas production went into decline and it was then superceded by silk manufacture. Around the 1st World War 3,000 looms were being worked throughout the town.

Every Wednesday and Saturday the popular market brings hoards of shoppers into the town and parking is always difficult as it occupies the main parking area. The market stretches all the way down the High Street from the Church of St Bruno, under the railway arches and beyond and is an energetic hive of activity providing a great choice of fruit and fresh local produce. On one occasion I painted the popular olive stall which always displays an enormous variety of the different fruits. Saturday's market is mainly clothes and hardware.

I always enjoy a trip to the Mainssieux Art Museum which is housed in a large 18th Century Bourgeois house in the centre of town. Lucien Mainssieux was an artist, musician, critic and art collector. He has amassed a fine collection throughout his life, of 19th & 20th century French painting. In his collection are paintings notably by Corot, Corbet, Ravier and Mainssieux's contemporaries.

STATUE NOTRE DAME DE VOUISE, Aquarelle et conté.

LA CAVE DE LIQUER, Conté.

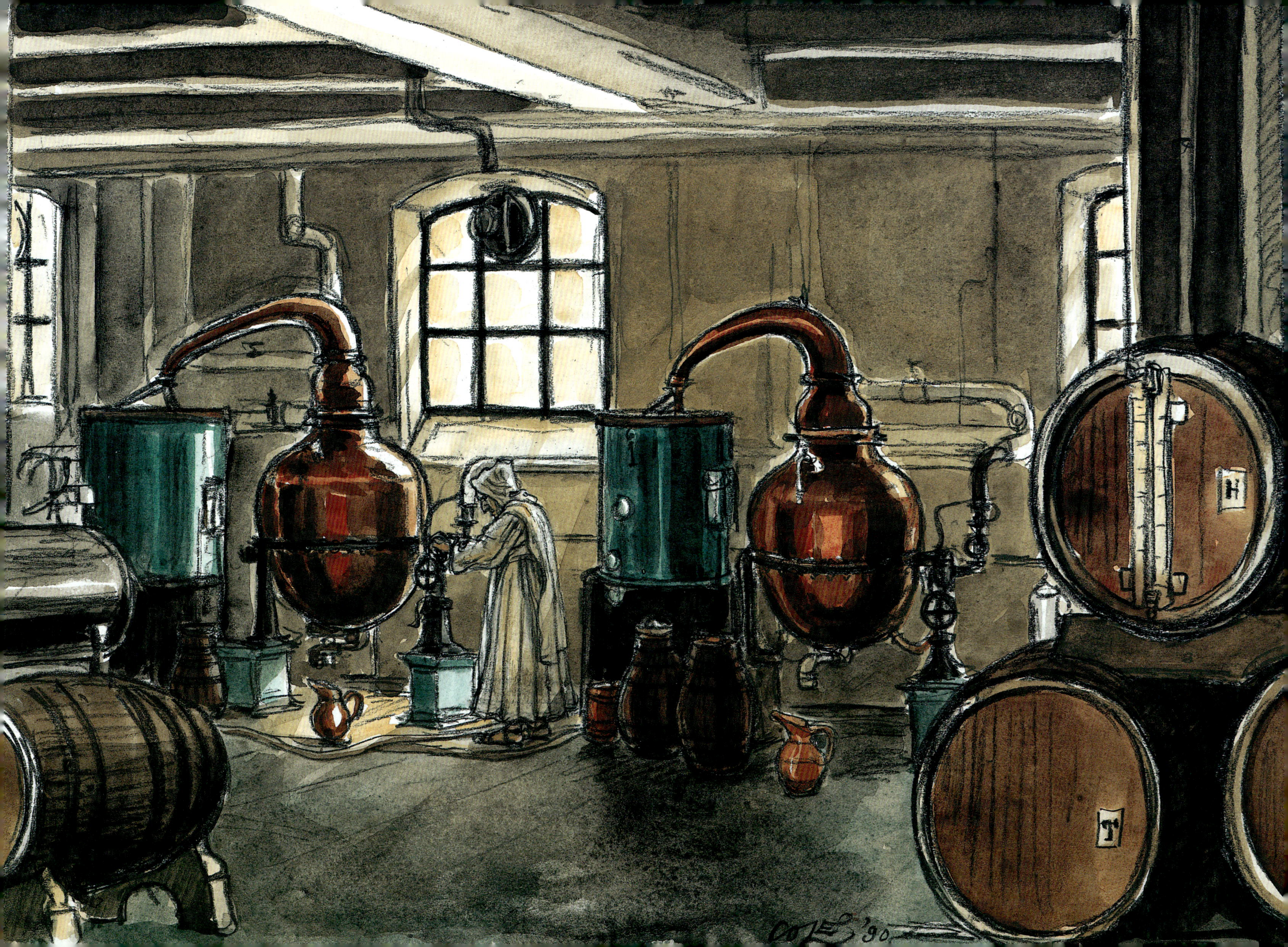

High up on a hill overlooking the town, is the statue of Notre-Dame de Vouise holding the child Christ in her arms. The statue itself is made of copper and is sited on a tall round stone tower.

Having recently been restored it has had the verdigris removed from the copper and now gleams in the sunshine. It is certainly worth a visit if you enjoy a strenuous walk up into the hills.

An interesting Brasserie in the high street is "Les Archers" which is decorated with large paintings of medieval archers, (admittedly in need of restoration, and who can afford that nowadays?)

I have cheated, and lifted off the black varnish and restored the central painting to its former glory, but they create a good atmosphere and you can sit on the terrace and watch Voironese life passing by.

ICI J'AI TRICHÉ ! JAI ENLEVÉ LE VERNIS NOIRE DU PANNEAU CENTRAL ET L'AI RESTAURÉ DANS SON ANCIENNE GLOIRE, Aquarelle et conté.

PONT-DE-BEAUVOISIN

Pont de Beauvoisin est la ville la plus proche du village de Saint Geoire en Valdaine, où j'ai mon atelier. C'était une ville frontière, face à l'ancien dûché indépendant de Savoie dont elle était séparée par la rivière du Guiers; le pont qui traverse la rivière a été le théâtre en est un grand nombre de batailles menées par les Savoyards qui tentaient, parfois avec succès, de récupérer des territoires français. Le pont a été reconstruit en pierre en 1543 sous le règne de François 1er dont il conserve encore le nom. En 1940, pendant l'occupation allemande, il a été détruit pour entraver leurs mouvements de troupes, mais il a été finalement reconstruit après la guerre avec des matériaux de construction modernes et la plupart des pierres d'origine. Les pierres restantes non utilisées sont visibles dans la rivière sous le pont. Je trouve qu'entre autres passe-temps, se pencher sur le parapet pour regarder les gros poissons nager autour des pierres est très agréable.

Les habitants de la ville sont apellés les Pontois, et en latin, Pont de Beauvoisin se dit Pons Bellovicinus, ce qui signifie, non pas comme je l'ai initialement pensé, belle voisine, mais voisin de la guerre, évidemment en référence aux Savoyards. En 1890, dans la région française de la Savoie, le duché a été renommé Le Pont de Beauvoisin. Maintenant les relations entre les voisins de part et d'autre du pont sont très conviviales, mais de nos jours, certains ont encore le sentiment d'arriver en France lorsqu'ils traversent le pont François Ier.

Au XVIIIème siècle, Pont de Beauvoisin étant une ville frontière, un trafic de contrebande avec la France fit la fortune de certains grâce à l'importation illégale d'étoffes indiennes. Mandrin était un contrebandier et un bandit de renommée légendaire qui vagabondait dans la région et était localement adulé. Il a finalement été capturé et pendu. La ville peut toutefois célébrer l'un de ses dignes fils à la réputation mondiale, le docteur Charles Gabriel Pravaz 1791-1853, chirugien orthopédique, inventeur de la seringue médicale. Son père aussi était docteur, et maire de la commune de 1815-1816. La ville a fièrement nommé le Lycée Pravaz et la grande rue, l'avenue Pravaz, de son nom. Malheureusement pour lui il a été enterré à St Foy les Lyon.

Pont de Beauvoisin est également connu sous le nom de La Cité des Meubles, la fabrication de meubles étant leur principale industrie. Le commerce était à son apogée au cours du siècle dernier, mais il a maintenant diminué en raison d'importations meilleur marché. Ils ont cependant un très intéressant Musée de la machine à bois et de l'outillage à main.

Un événement annuel que j'ai apprécié tous les ans à la fin du mois d'août, mais qui malheureusement n'existe plus aujourd'hui, était celui du " Concours de Juments et Pouliches ". Il avait lieu dans la Cour du Mars. J'ai bien aimé dessiner les agriculteurs et les amoureux de chevaux qui participaient à la foire car c'étaient des personnalités locales et l'ambiance était dynamique et pleine de vie. J'espère qu'un jour cela pourra être remis en place. La ville avait à l'origine

LE PONT FRANÇOIS 1er, Aquarelle et conté.

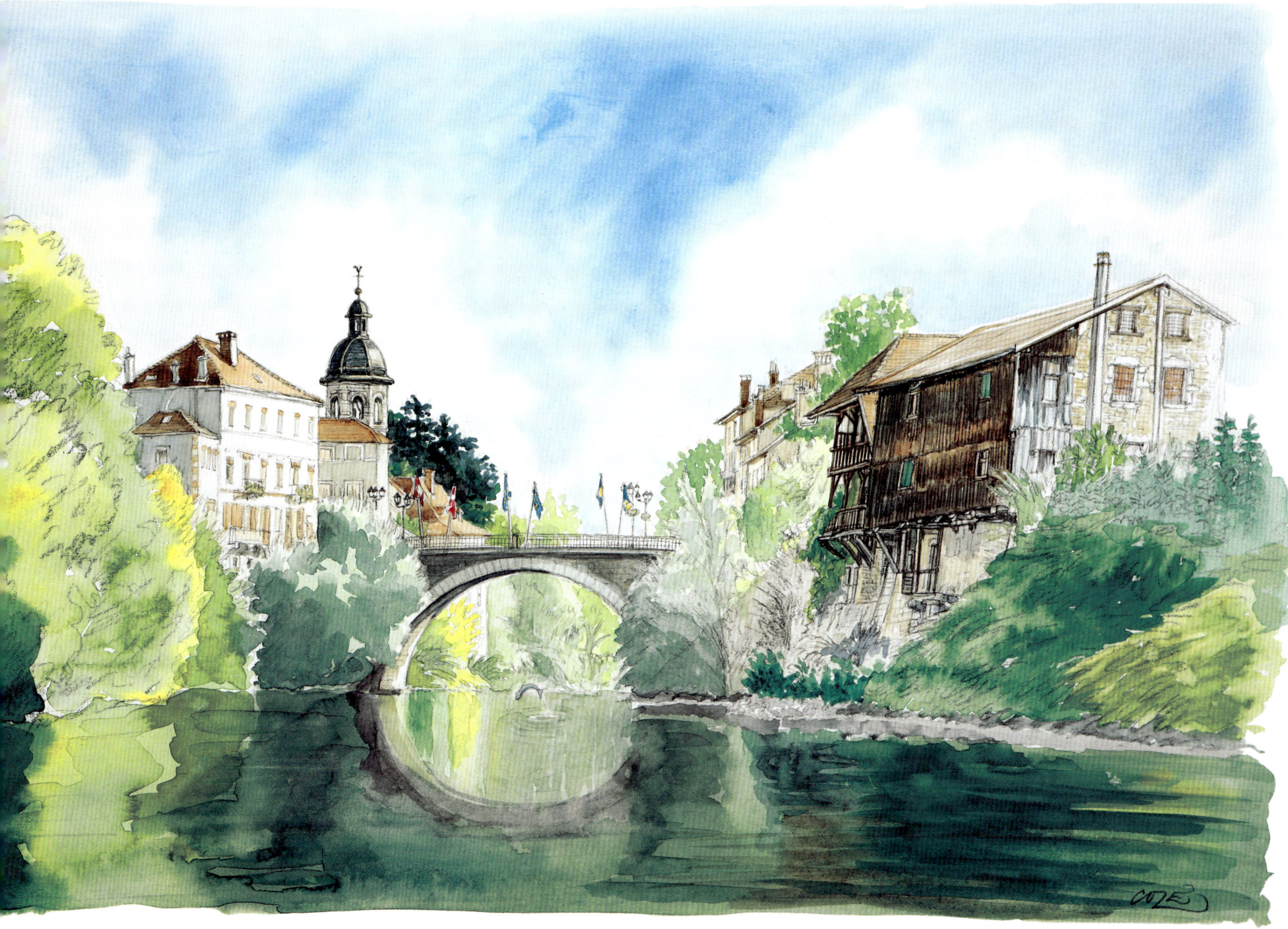

un théâtre, mais il a finalement été démoli et ses piliers en pierre qui ont été reconstruits sur le même site sont tout ce qu'il en reste.

Dans le centre ville, la Place de la République est animée et a un tout un éventail de magasins. Le toit de l'ancienne pâtisserie penche fortement vers la gauche et, à l'extrémité de la place, les toits des bâtiments ressemblent à une montée de marches. Pour dessiner la place sous son meilleur angle, j'avais besoin de trouver un point de vue élevé et j'ai été généreusement autorisé par une vieille dame à travailler dans son salon donnant sur la place. Il était intéressant de constater combien les Pontois n'avaient pas remarqué l'étrange ligne de toit jusqu'à ce qu'ils aient vu mes tableaux. Il est dommage que les gens ne lèvent généralement pas les yeux quand ils sont dans la rue tandis que moi je trouve les toits des vieilles villes fascinants à étudier avec leur riche variété de conduits de cheminée, de tuiles, de fenêtres de grenier, de ferroneries et de tubes de descente de gouttière ornés. C'est comme un autre monde et les oiseaux l'apprécient eux aussi !

La vieille pâtissière, Madame Guicherd, avait la réputation de faire des sculptures magnifiques en sucre glace, en général en forme de papillons, mais un jour, en passant devant la vitrine de son magasin, j'ai été surpris et très flatté de voir qu'elle avait décoré ses gâteaux avec des copies de mes tableaux de la ville. Elle avait mis sur une affiche " Hommage à Richard Cole! " J'étais très touché. Hélas je n'ai pas saisi la chance de déguster mon travail ! Malheureusement elle est décédée et la pâtisserie est devenue un café.

Dans le centre, d'étroits passages entre les bâtiments connectent les deux principales routes parallèles. L'un débouche sur la Place du Midi où j'ai peint une vieille maison insolite et pleine de caractère avec à la fois un balcon en bois et un balcon de ferronnerie; elle a malheureusement été restaurée et modernisée.

Pour dessiner un point de vue sous le pont, j'ai aussi eu des problèmes car il était necessaire que je me tienne debout au centre d'une rivière qui coule rapidement. Tout en dessinant, j'ai à peu près réussi à garder mon équilibre tandis que le courant énergique tourbillonnait autour de mes jambes; la peinture à l'aquarelle n'était évidemment pas de circonstance. J'ai déjà été forcé pour une raison ou une autre de travailler dans des conditions difficiles mais je pense que c'était la fois la plus bizarre. Je n'ai aucune idée de ce que les gens qui me

SPOTTING TROUT, *Aquarelle et conté.*

PLACE DE LA RÉPUBLIQUE, *Aquarelle et conté.*

200m →
MEUBLES
Ribault
Besset
LAHUCHE AU PAIN
EPIC
marmiton
la godasse
BOUCHERI

MONSIEUR GENIX EN TRAVERSANT LE PONT FRANÇOIS 1er, Aquarelle et conté.

regardaient du bord de la rivière pouvaient penser de moi, mais l'expression, " la folie d'un anglais " m'est venue à l'esprit. Je me suis consolé avec l'idée que le résultat final allait peut-être en valoir la peine mais pas avant d'avoir enfin atteint la terre ferme !

LE CONCOURS DE JUMENTS ET POULICHES, PLACE DU THÉÂTRE DE VERDURE, *Aquarelle et conté.*

LE RESTAURANT 'LE FOU GOURMAND, *Aquarelle et conté.*

Pont de Beauvoisin is the town nearest to the village of Saint Geoire en Valdaine where I have my studio. It was a frontier town facing the ancient independent Duchy of Savoyard and was separated from it by the river Guiers; The bridge that crossed the river was the scene of many a battle as the Savoyards tried to make, and on occasions achieved territorial gains into France. The wooden structure of the bridge was rebuilt in stone during the reign of François 1er in 1543 and has retained his name to this day. In 1940 during the German occupation it was destroyed to hinder their troop movements, but was eventually rebuilt after the war, using modern building materials and most of the original stones. The remaining stones which were not needed can still be seen lying in the river under the bridge. I find amongst others, that leaning over the parapet watching the large fish swimming amongst the stones an agreeable pastime.

The inhabitants of the town are known as Pontois, and the latin for Pont de Beauvoisin is Pons Bellovicinus which means, not as I originally thought, beautiful neighbour, but neighbour of war, obviously a reference to the territorial Savoyards. The Dutchy was renamed in 1890 Le Pont de Beauvoisin in the Savoie region of France. Relations now between the neighbours across the bridge are very convivial, but some still feel today that when they cross Pont François 1er they are travelling into France.

In the 18th century Pont de Beauvoisin being a frontier town, contraband was smuggled across the border and fortunes were made importing banned indian textiles. Mandrin was a legendary smuggler and highwayman of repute who roamed the area and is celebrated locally. He was eventually caught and hanged. The town can however celebrate one of their worthy sons with a world wide reputation, Dr Charles Gabriel Pravaz 1791-1853, an orthopaedic surgeon who invented the medical syringe. His father was also a doctor and was a mayor of the town from 1815-1816. The town have proudly named the Lycée Pravaz and the high street, l'avenue Pravaz after him. Sadly for Pont de Beauvoisin he was buried in St Foy les Lyon.

Pont de Beauvoisin is also known as 'la Cité des Meubles', furniture making being their main industry. The trade was at its height during the last century, but it has now declined due to cheaper imports. They do however have in the town a very interesting Museum of Woodworking Machinery and Hand tools.

One annual event I enjoyed every year at the end of August, which sadly does not now exist, was 'Le concours de juments et pouliches.' It took place in the Cours du Mars and was a

LE GUIERS SÉPARANT LE DAUPHINÉ DE LA SAVOIE, Aquarelle et conté.

competition of female work horses and their foals. I enjoyed sketching the farmers and the horse lovers who attended the fair as many were great local characters and the atmosphere was vibrant and full of life. I hope that one day it might be re-instated. The town originally had a theatre, but it was eventually demolished and its stone pillars that were re-erected on the same site are all that remains.

In the centre of the town, the square Place de la République is busy and has a full complement of shops. The roof of the old Patisserie leans dramatically to the left and the roofs of the buildings at the end of the place resemble rising steps. In order to draw the Place to its best advantage I needed to find a high viewing point and I was generously allowed by an old lady to work from her front room which overlooked the square. I was interested to find how many Pontois had never noticed the unusual roof line of the square or the fact that the patisserie leans dramatically until they saw my painting. It is a pity that people generally don't raise their gaze when the are out in the streets as I find roof tops in old towns fascinating to study with their rich variety of chimney pots, tiles, attic windows, guttering, ornate down pipes and ironwork. It's like another world and the birds appreciate it too!

The elderly patissière Madame Guicherd had a reputation for making wonderful sculptures out of icing sugar, they usually took the form of butterflies, but one day I was walking past her shop window being amazed

LA VIEILLE PÂTISSERIE, PLACE DE LA RÉPUBLIQUE, Aquarelle et conté.

and very flattered to see that she had decorated her cakes with copies she had made of my paintings of the town. She had entitled the display 'Homage à Richard Cole!' I was very touched. I missed out unfortunately on the chance to eat my work. Sadly she has now died and the Patisserie has become a café.

The town at its centre has narrow passage ways between the buildings that connect with the two parallel main roads. One opens out onto Place du Midi where I painted an interesting old house full of

PLACE DU MIDI, *Aquarelle et conté.*

L'ÉGLISE SAINT CLÉMENT, *Aquarelle et conté.*

character with both a wooden and a decorative ironwork balcony which has regretfully now been restored and modernised.

Drawing the bridge from a low view point also had it's own problems, as it was necessary to wade to the centre of a fast flowing river. Whilst sketching, I just about managed to keep my balance while the forceful current swirled around my legs; painting in watercolour was obviously not on the cards. I have been forced for one reason or another to work in difficult conditions, but I think that this was the most bizarre. I have no idea what the people watching me from the bank must have thought, but the phrase 'la folie d'un anglais' came to mind. I consoled myself with the thought that the end result might be worth it, but not until I had finally reached dry land!

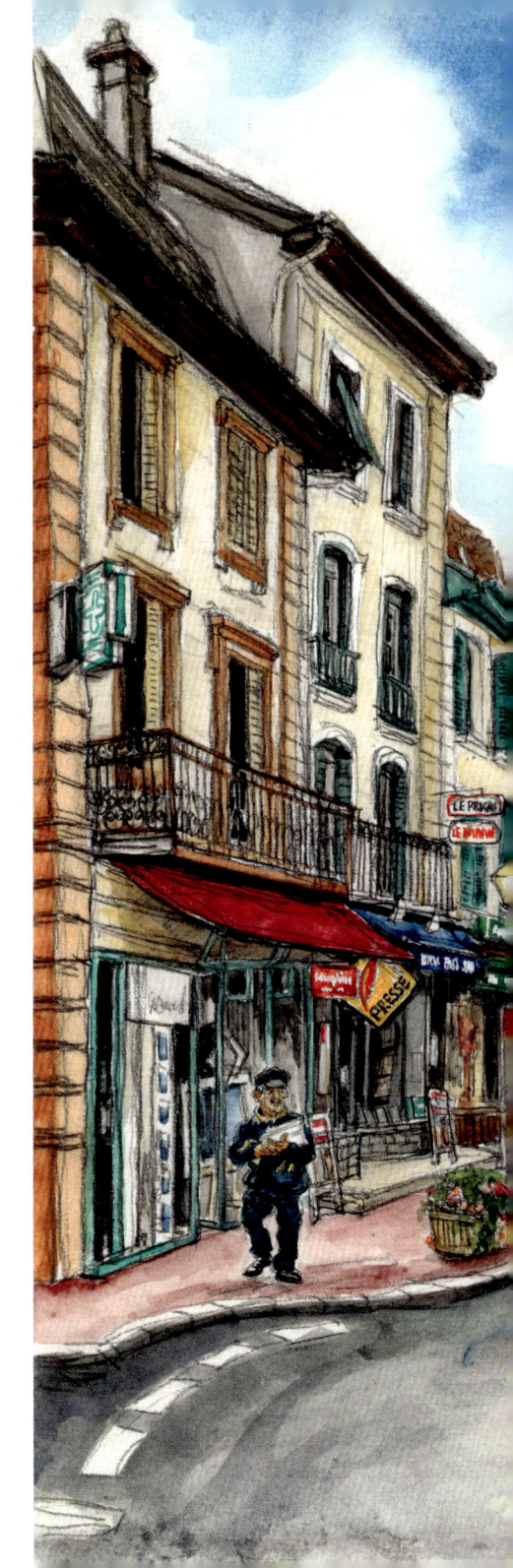

RUE DE LA MAIRIE ET LE PONT FRANÇOIS 1er, Aquarelle et conté.

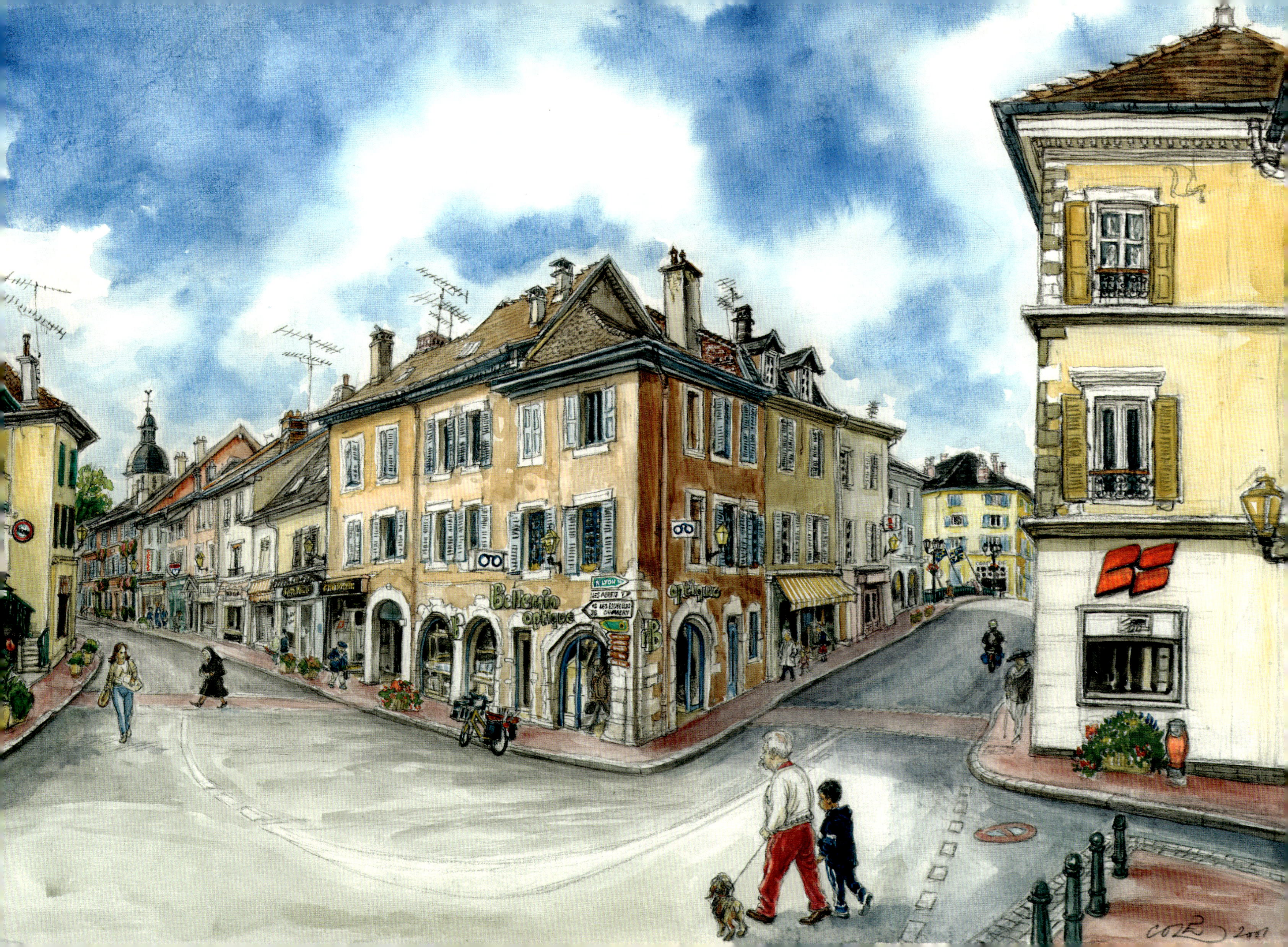
Bellemin
optique
optique

Les Abrets

Au fil des ans, j'ai pu voir que le rond point très fréquenté des Abrets avec ses cinq sorties a été en constante évolution. La sculpture de la femme torchère nue, placée au centre d'une fontaine décorée du traditionnel poisson du Dauphiné crachant l'eau, a été témoin de nombreuses refontes du terre-plein central. Cependant le changement majeur concerne le splendide " Café Des Voyageurs " qui, lorsqu'il a brûlé, a dû être démoli et cela peu de temps après que je l'ai peint en 1996. Par la suite, l'hôtel voisin a également été démoli et remplacé par des immeubles de bureaux. De l'autre côté de la rue, des bâtiments ont aussi subi un changement en étant remplacés par de l'architecture moderne. Le magasin de jouets " Maison Joupi " avec ses amusantes enseignes de lapins style Disney a lui aussi disparu.

I have over the years been aware how the busy roundabout in Les Abrets with its five exits has been constantly changing. The sculpture of the female naked torchbearer placed at its centre on a fountain decorated with the traditional Dauphiné fish spouting water, has witnessed many redesigns to the central reservation, but the major change came about when the splendid, 'Café des Voyagers' burnt down and had to be demolished shortly after I did the painting in 1996. Subsequently the Hotel next door was also demolished and replaced by office buildings. On the opposite sides of the street the buildings have also undertaken a change and been replaced with modern architecture. The Toy shop Maison Joupi with its fun Disney type rabbit characters have also disappeared.

LA FONTAINE DE LA CROISSÉE, L'ÉLECTRICITÉ ÉCLAIRANT DE LES ABRETS, *Aquarelle et conté.*

Les Ablets

St - Pierre - d'Entremont

Depuis le village d'Entre Deux Guiers, la route qui mène à Saint Pierre d'Entremont traverse des hameaux et se poursuit de façon vertigineuse au-dessus des gorges profondes de la rivière du Guiers Vif vers les montagnes de la Grande Chartreuse. Après avoir passé d'abrupts ravins sur la gauche et de hautes falaises sur la droite, la route serpente à travers les forêts de pins, contourne la vieille voie, ici dangereusement accrochée en bordure de falaise puis entre dans le nouveau tunnel du Pas du Frou pour finalement descendre dans la commune. Le grillage posé sur certaines falaises escarpées afin de protéger la route de chutes de pierres me semble étrangement réconfortant. En hiver, la route est occasionnellement fermée pour réparation, ce qui implique un long détour par St Pierre de Chartreuse. Quel que soit le chemin que vous empruntez pour entrer en Chartreuse, vous jouissez de vues imprenables sur les chaînes de montagnes, sur les gorges profondes et même, si vous êtes prêts à grimper, sur les prairies alpines riches en faune et flore.

La chaîne de montagnes a quatre sommets qui culminent à plus de 2,000 mètres et possède le plus grand réseau d'Europe de galeries souterraines couvrant 300 kilomètres de long. En 1995, la Chartreuse a été classée réserve naturelle régionale.

LA ROCHE VEYRAND, Aquarelle et conté.

L'écrivain français du X1Xème siècle, Stendhal, décrit la Chartreuse comme " Une émeraude, un joyau des Alpes. " Le vert de l'émeraude équivaut à ses luxuriantes prairies alpines, et, si vous vouliez aller plus loin dans la réflexion sur l'analogie, vous pourriez l'associer à la liqueur verte distillée par les moines cartusiens du Monastère de la Grande Chartreuse. Saint Pierre d'Entremont est à la frontière de la Savoie dont elle est séparée par la rivière du Guiers Vif. Au nord, en Savoie, la vue porte sur le Mont Granier falaise de 900 mètres de haut. Une nuit de 1248, un éboulement du Mont Granier a provoqué la mort de 5000 villageois

LE MONT GRANIER EN PRINTEMPS, Aquarelle et conté.

enterrés sous une avalanche de boue et de roches de 40 mètres de profondeur. Ironiquement, cette région est maintenant célèbre pour ses vins d'Apremont et d'Abymes, le schiste offrant un terrain favorable au développement de la vigne et donnant au vin sa caractéristique saveur minérale de pierre à fusil.

Protégée par le village, la proche montagne de Roche Veyrand est heureusement inoffensive et offre, pour le plaisir des alpinistes en herbe, la possibilité de l'escalader. Sur la place du marché, le superbe office de tourisme organise beaucoup d'activités de plein air comme le ski, la randonnée pédestre, les promenades dans la nature et la pêche. L'office a également une grande boutique qui vend des produits artisanaux locaux, des oeuvres d'art, de la poterie, des sculptures en bois, du miel, des textiles, des livres, sans oublier, bien entendu, mes cartes postales et mes tableaux sur la région.

L'église Saint Pierre se situe en face, tout en haut de la rue principale. On y accède par une volée de marches qui mènent aussi au monument aux morts. Lors de ma première visite du village il y a de cela de nombreuses années, la sculpture qui surmontait le mémorial était une belle sculpture en bronze d'un soldat français de la première guerre mondiale, appuyé sur son fusil à baïonnette. J'avoue avoir été horrifié en découvrant il y a quelques années qu'il avait été peint dans les

LA PLACE DU VILLAGE, Aquarelle et conté.

couleurs de l'uniforme traditionnel de l'armée française. Hélas il ressemble désormais aux soldats de plomb peints que j'avais dans ma jeunesse, et a, selon moi, perdu toute sa dignité d'origine. Ce n'est pas le premier momument aux morts peint que j'ai vu car il y en a un semblable à Bilieu. Je suis sûr que le sculpteur partagerait mes sentiments et serait tout aussi horrifié que moi s'il pouvait voir sa sculpture maintenant. Je ne veux offenser personne, mais je pose la question, " pourquoi choisir de peindre une belle sculpture en bronze ? "

La rivière du Guiers Vif qui coule dans le village prend sa source là-haut, dans le Cirque de St Même ; je me souviens encore d'y avoir nagé avec ma famille ; ce fut la baignade la plus froide de ma vie, mais agréable et vivifiante. La route pour St Même passe par l'ancienne tour récemment

LES JEUNES AMOUREUX, Aquarelle et conté.

54 LA ROUTE DE ST MÊME, Aquarelle et conté.

restaurée, puis serpente vers les hauteurs des collines à travers de jolis hameaux pour enfin arriver à un grand parking en bordure de la vallée où coule la rivière. En été la région attire beaucoup de touristes, individuels ou en autocars, et, telle une ruche, elle déborde d'activités entre enfants qui jouent dans la rivière et familles qui pique-niquent. Pour les visiteurs les plus énergiques, une montée dans la montagne s'impose pour aller voir les quatre chutes d'eau et la source d'où le Guiers Vif sort avec grand fracas. Deux itinéraires principaux partent du fond de la vallée, l'un à gauche de la rivière, vertigineux à certains endroits, et l'autre à droite, plus doux et plus adapté aux familles. N'étant malheureusement pas familier des lieux, j'ai opté sans le savoir pour la montée laborieuse de gauche, celle qui prend environ une heure et quart pour atteindre la grande cascade si vous êtes chanceux mais aussi en forme. Le sentier est étroit et nécessite par endroits d'enjamber des racines d'arbres et des rochers. Dans la montée devant moi, deux jeunes femmes dynamiques et chargées de lourds sacs à dos suscitèrent mon admiration pour leur ténacité à vouloir atteindre le sommet. Ah, que ne suis-je jeune à nouveau ! Lorsque l'on parvient enfin à la chute de la grande cascade, la vue est époustouflante et justifie pleinement tous les efforts intenses. La puissance de la nature est impressionnante ; au-dessus de vous, la grotte où se trouve la source de la rivière se voit clairement tandis que le torrent en jaillit et cascade sur la chute d'eau. Derrière, la paroi rocheuse se courbe comme un rideau accroché au sommet de la vallée et crée une merveilleuse toile de fond. Son nom, Le Cirque de St Même.

Il y a une autre piste qui vous emmène encore plus haut afin

LE MARCHÉ, Aquarelle et conté.

que vous puissiez vous rapprocher de la source. Restez prudent, le sentier n'est pas balisé. Cela m'a tenté, mais j'ai pensé qu'il serait sage après mes efforts de la reporter à une autre fois.

Il y a deux chutes d'eau en contrebas, " Cascade Isolée " et " Pisse du Guiers ". Cette dernière est seulement accessible si, en sortant du sentier, vous parvenez à passer sur des rochers jusqu'au pied de la chute. Le site est superbe avec l'eau qui cascade par dessus la crête bien au-dessus de vous.

La route alternative vers le bas était beaucoup plus facile ; passé un pont en bois sur la rivière, ce qui vous donne une vue différente de la cascade, vous continuez à descendre sur un chemin bien balisé à travers la forêt. C'était plus qu'une promenade douce, mais cela restait toujours moins éprouvant de descendre la colline surtout après l'exaltation de ce que vous veniez de vivre.

The road to St Pierre d'Entremont from the village of Entre Deux Guiers climbs up through small villages and then continues treacherously high above the deep Gorge of the river Guiers Vif and towards the Chartreuse mountains. There are steep drops to the left of you and high cliffs to the right as the road winds through pine forests, past the old road, now perilously clinging to the cliff edge, and enters the new Pas du Frou tunnel eventually descending down into the town. Iron netting on some of the steep cliffs shield the road from falling rocks which I find only mildly comforting. In the winter the road is occasionally closed for periods of repair which means a long detour through St Pierre de Chartreuse. Whichever route you take to enter the Chartreuse region you are met with stunning views of mountain ranges, deep gorges and, if you are willing to climb, alpine meadows with their rich flora and fauna. The mountain range has four peaks that rise to over 2,000 metres and boasts the largest underground cave system in Europe covering 300 kilometres. In 1995 the Chartreuse region was classified as a regional nature reserve.

The 19th century French writer Stendhal described the Chartreuse as "An Emerald, a jewel in the Alps". The green of the emerald equates with its lush alpine meadows, and I guess if you want to take the analogy further you could reflect on the green liquor distilled by the Carthusian monks of the Monastery of the Grand Chartreuse. St-Pierre-d'Entremont is on the border with the Savoie and is separated by the river Guier Vif. To the north in the Savoie is the view of the 900 metre high Mont Granier mountain. During one night in 1248 it crushed 5,000 villagers living beneath it in an avalanche of mud and rocks to a depth of 40 metres. Ironically this area is now famous for the Apremont and Abymes wines. The vines are now successfully thriving on the mountain's shale and the wines are known for their characteristic mineral flavours.

The mountain, Roche Veyrand which the village shelters alongside is happily benign and is a source of pleasure for aspiring mountaineers who climb around its face. Lots of these and other outdoor activities which include climbing, skiing, hiking, nature walks and fishing are organised by the village's impressive tourist office in the market place. They also have a large shop which sells local artisan produce, artwork, pottery, wood sculpture, honey, textiles and books, naturally not forgetting my postcards and prints of the region.

The church of Saint Pierre opposite is sited high above the main street and is accessible by a flight of steps that leads up to the war memorial. When I first visited the town many years ago the sculpture topping the memorial was a handsome bronze sculpture with a First World War soldier standing leaning on his rifle with a fixed bayonet. I have to admit that I was horrified when I discovered a few years later that it had been painted in the traditional French army uniform colours making it look like a painted lead toy soldier I had in my youth; It has lost all its original dignity. It is not the first painted war memorial I have come across as there is a similar one in Bilieu. I am sure that the sculptor would share my sentiments and be equally horrified if he could see it now. Why would you choose to paint a beautiful bronze sculpture?

The river Guiers Vif flows through the village from its source high up in the Cirque de St Même and I can still remember swimming in it with my family. It was the coldest swim of my life, but enjoyable and invigorating! The road to St Même passes by the Ancient Tower which has recently been restored and then winds its way up into the hills and through attractive little hamlets to finally arrive at a large car park on the edge of the river valley. In the summer the area attracts lots of tourists and coach parties and is a hive of activity with children playing in the river and families picnicking. For the more energetic visitors a climb up into the mountain to view the four waterfalls and the origin of the source from which the river Guiers Vif exits with force is a must.

There are two main routes up from the valley floor one track to the left of the river which is precipitous in places, and a path to the right of the river which is gentler and more suitable for families. Unfortunately not being familiar with the routes I chose the strenuous left bank climb which takes about an hour and a quarter to reach the large waterfall if you are lucky, and also fit. The track is narrow and requires in places large step ups over tree roots and rocks. There were two lively young women ahead of me on the climb carrying heavy rucksacks, and I was full of admiration for their tenacity to reach the summit. Oh to be young again! When one finally reaches the base of the large waterfall the view is stunning and fully justifies all the strenuous effort. The power of nature is awesome, and the cave which is the source of the river is clearly visible high above as the torrent gushes out and cascades over the waterfall. The rock face curves around like a curtain behind it at the peak of the valley creating a wonderful backdrop. It's name, Le Cirque de St Même.

LA CASCADE DE ST MÊME, Aquarelle et conté.

There is another route that takes you even higher up so that you can get close to the source, but take great care as there isn't a safe footpath. I was tempted, but thought it would would be wise after my exertions to leave it to another trip.

There are two lower waterfalls, 'Cascade Isolée', and 'Pisse du Guiers'. (The 'Concise Oxford French Dictionary' refers to the word 'Pisse' as a vulgar term). Pisse du Guiers is accessible if you are able to climb down from the path and across boulders to the base of the waterfall. It is an awesome sight as the force of water cascades over the ridge high above you.

The alternative route back down was much easier across a wooden bridge over the river which gives you a different view of the waterfall. You then continue to descend on a well worn path through the woods. It was more of a gentle stroll, but it is always less taxing walking down hill especially when you are exhilarated by the past experience.

EN TRAVERSANT LE PONT, Aquarelle et conté.

L'ÉGLISE DANS LA NEIGE, L'huile en toile.

Le Château

La vue sur la vallée d'Entremont est spectaculaire, surtout depuis l'ancienne ruine du fort du Xème siècle du Château de Montbel situé en haut du hameau du Château, au-dessus St Pierre d'Entremont. Le flanc de la montagne de la Roche Veyrand est en face et, au loin, dominant la ligne d'horizon, vous pouvez voir le Mont Granier ainsi que l'enfilade des crêtes de Fouda Blanc et du Pinet. Le château est nommé d'après la famille Montbel d'Entremont qui a occupé le fort jusqu'en 1306.

The view across the Entremont valley is spectacular especially when viewed from the ancient ruin of the 10th century fort Château de Montbel high up in the village of Le Château above St Pierre d'Entremont. Ahead is the face of the Roche Veyrand and in the distance dominating the skyline you can see the Mont Granier and the string of peaks of the Fouda Blanc and Pinet. The château is named after the family Montbel d'Entremont who occupied the fort until 1306.

I noticed that the site was organised locally as a great venue for drawing classes. I certainly enjoyed myself. It is an inspiring place to work.

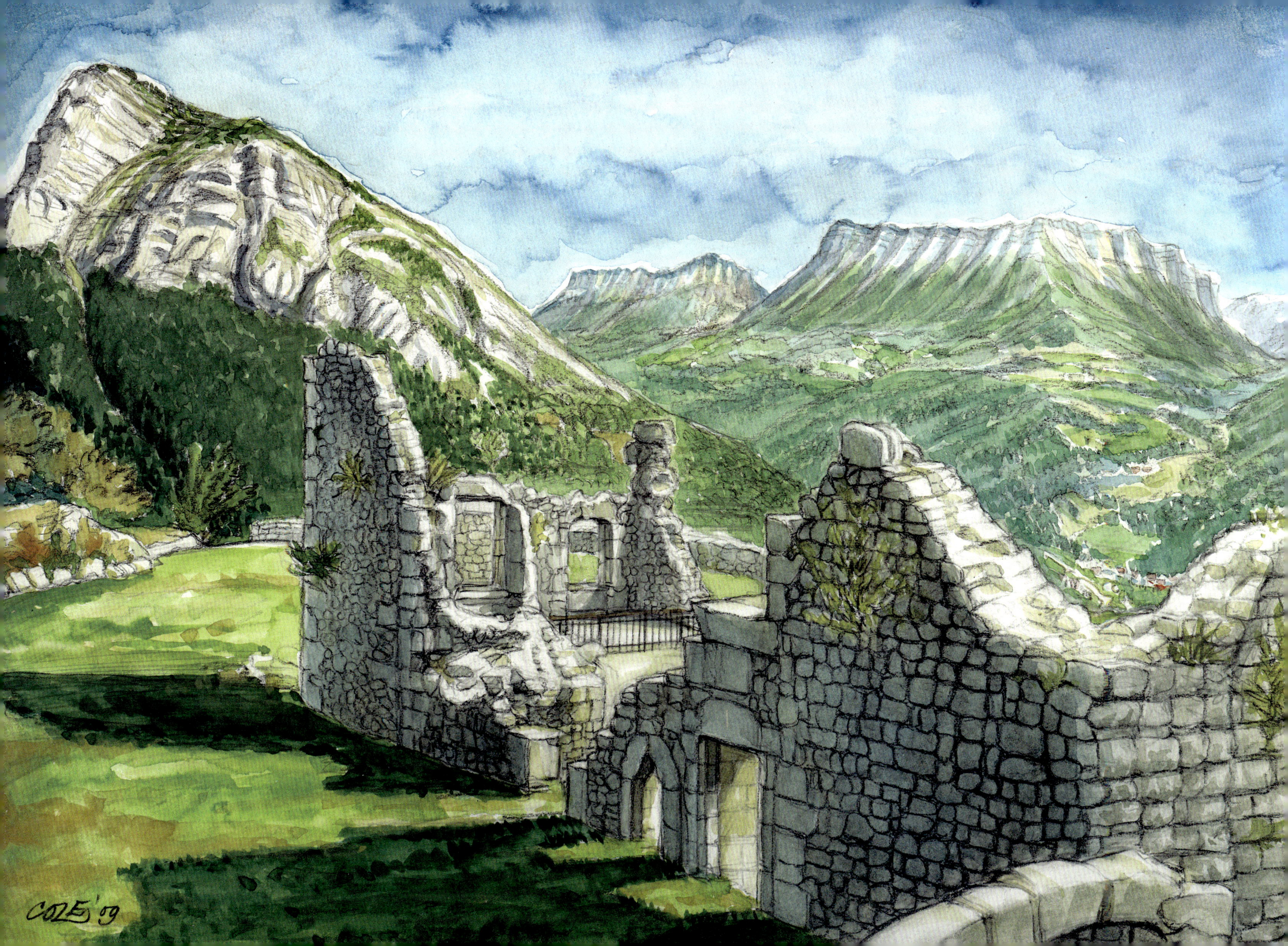
COZE'09

Corbel

The shard like Thimelet mountain under which the village of Corbel nestles, is a constant presence high up on the horizon along the road to St Pierre d'Entremont. There is a narrow scenic road built in 1994 to link the residents of the two towns. It winds its way up through the woods from the industrial estate.

Corbel's 13th century church is the oldest of the Entremont churches and was renovated in the 18th century. A contemporary addition to the church is a stained glass window by the celebrated local artist Jean Marie Pirot 1926-2018 known as Arcabas, who specialised in painting religious subjects mainly inspired by stories from the bible. Some fine examples of his work are to be found in the Saint Huges church of Saint Pierre de Chartreuse.

LA MONTAGNE DE THIMELET, *Aquarelle et conté.*

L'apic de la montagne du Thimelet sous lequel se niche le village de Corbel domine constamment l'horizon sur la route de St Pierre d'Entremont. À la sortie de sa zone industrielle, la montée vers Corbel s'effectue par une étroite route pittoresque qui serpente dans les bois. Elle a été construite en 1994 pour relier les habitants des deux communes. L'église du XIIIème siècle de Corbel, la plus ancienne des églises d'Entremont, a été rénovée au XVIIIème siècle. Un ajout contemporain à l'église est un vitrail du célèbre artiste local, Jean-Marie Pirot, 1926-2018, connu sous le nom d'Arcabas et spécialisé dans la peinture de sujets religieux principalement inspirés par des histoires de la Bible. Quelques beaux exemples de son travail se trouvent dans l'église St Huges de St Pierre de Chartreuse.

L'ÉGLISE DE CORBEL, *Aquarelle et conté.*

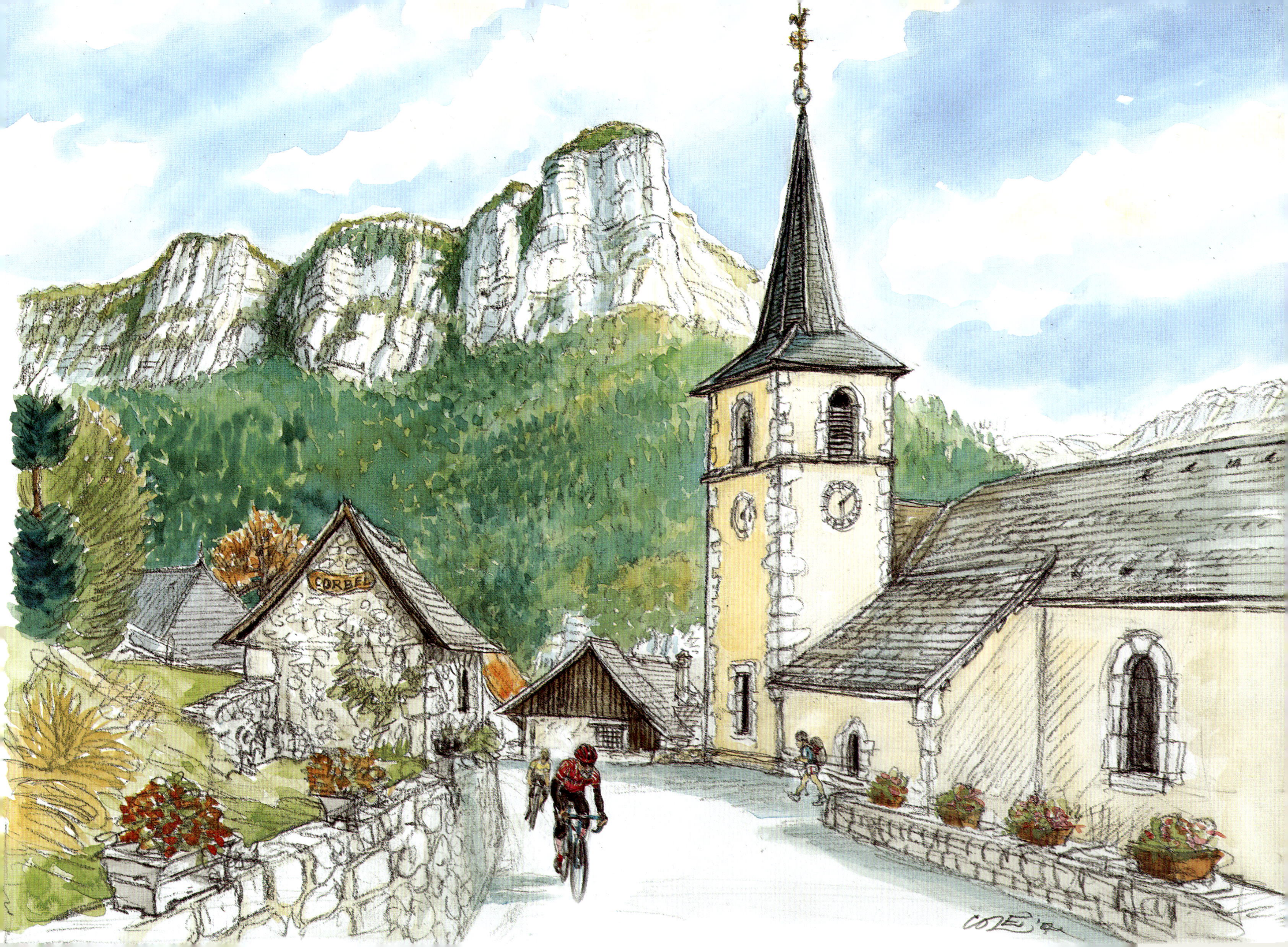
CORBEL

Miribel - les - Échelles

La route de Saint Geoire en Valdaine à Miribel les Échelles est l'une de mes promenades préférées. Elle vous offre une vue splendide sur La Chapelle de Merlas perchée sur une colline de l'autre côté de la vallée, ainsi que sur la ferme du Burlet, archétype de la maison dauphinoise avec sa toiture à forte pente. La route monte ensuite à travers la forêt jusqu'à ce qu'elle atteigne le sommet du Col des Mille Martyrs à 874 mètres d'altitude. Le parcours est également très populaire auprès des cyclistes athlétiques passionnés, y compris mon frère, qui le considèrent comme un grand défi. Poursuivant vers le bas de la colline, la route serpente entre de luxuriantes praires avec du bétail de pâturage, certain avec des cloches autour du cou, pour arriver finalement à Miribel les Échelles, connu sous le nom de " Balcon du Massif de la Chartreuse. " Un panorama spectaculaire sur la chaîne de montagnes s'ouvre devant vous.

L' ÉGLISE MIRIBEL LES ÉCHELLES, Aquarelle et conté.

The route from Saint Geoire en Valdaine to Miribel les Échelles is one of my favourite walks. It gives you a splendid view of the Chapel de Merlas perched high on a hill across the valley, and the archetypal Dauphiné farmhouse at Le Burlet with its steep tall roof. The road then climbs up through the the forest until it reaches the summit of the Col de Mille Martyrs at 874 metres. The route is also very popular with keen athletic cyclists who consider it a great challenge, my brother included. Continuing down the hill, the road winds around lush meadows with cattle grazing, some with bells around their necks, until it eventually arrives at Miribel les Échelles, known as, 'The Balcony of the Massif Chartreuse.' A spectacular panorama of the mountain range opens up before you.

LE POTAGER, Aquarelle et conté.

LE MASSIF DE LA GRANDE CHARTREUSE, Aquarelle et conté.

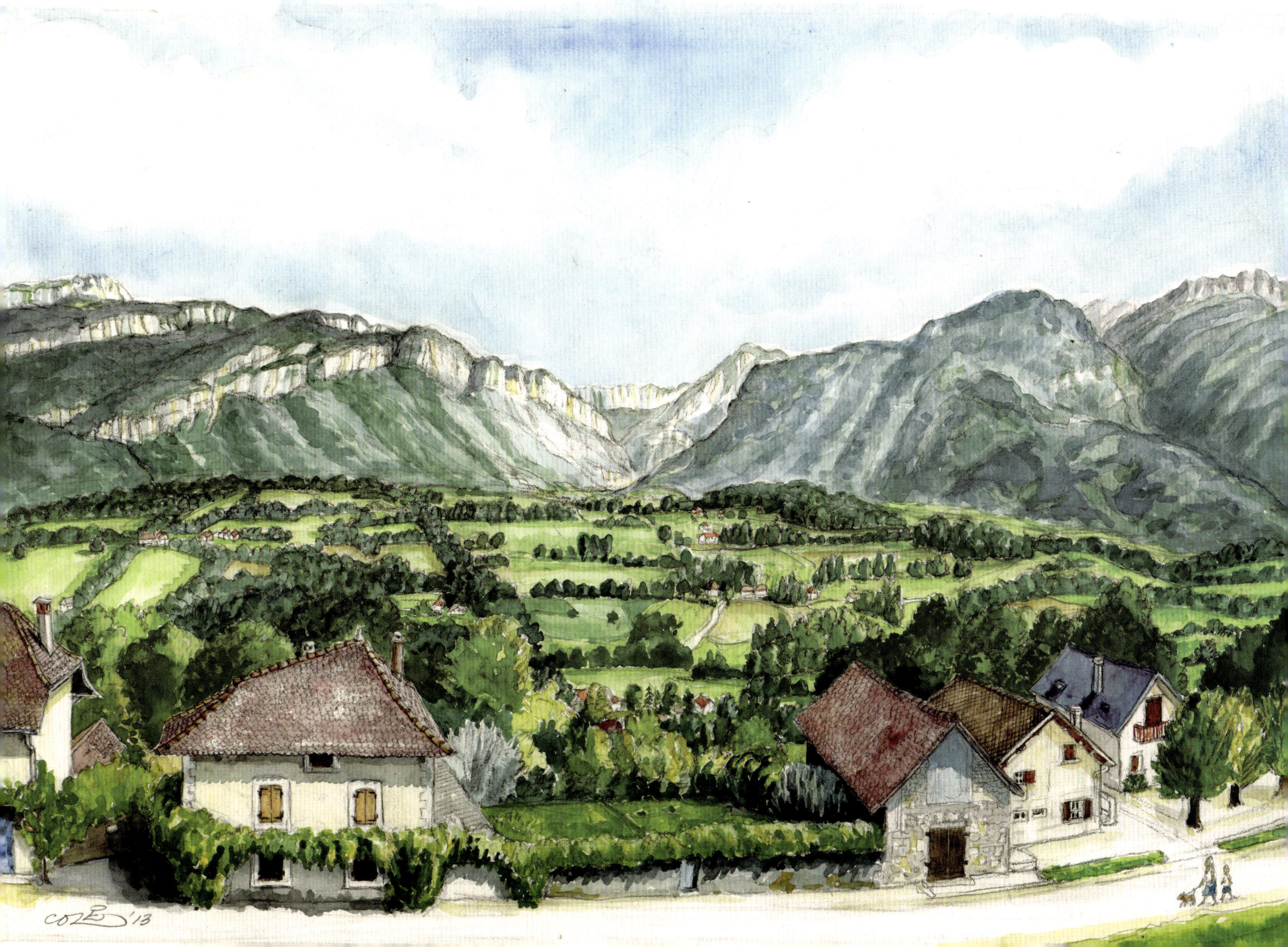

ENTRE-DEUX-GUIERS

CHEZ PIERRETTE, *Aquarelle et conté.*

VUE DE LES ÉCHELLES ET LA GUIERS VIF, *Aquarelle et conté.*

Deux rivières du Massif de la Chartreuse s'écoulent, l'une, le Guiers Vif, aux Échelles en Savoie, l'autre, le Guiers Mort (nom très étrange pour une rivière aussi vivace) à Entre deux Guiers en Isère pour se rejoindre ensuite et former la rivière du Guiers qui coule vers la ville de Saint Genis sur Guiers où elle se jette dans le Rhône.

Two rivers from the Massif Chartreuse flow into Entre Deux Guiers, where they join together and become the river Guiers. The rivers Guiers Vif and Guiers Mort, (a very strange name for a river considering how lively it is), then flows on to Saint Genis sur Guiers joining the river Rhône.

St - Christophe - la - Grotte

Le village de St Christophe la Grotte est situé sur une plaine ouverte et se love contre une haute falaise rocheuse qui longe le périmètre. Avant d'entrer dans le tunnel qui mène au musée de la grotte, j'apprécie à chaque fois la vue pittoresque qui, d'en haut, surplombe la vallée. Le musée présente une exposition intéressante qui illustre la vie des premiers colons préhistoriques de la Chartreuse. Une visite à la grotte creusée par l'eau dans la roche calcaire il y a 700 millions d'années est une expérience qui vaut la peine avec ses ruisseaux souterrains, ses galeries sinueuses et de belles stalagmites et stalactites. L'entrée de la grotte se trouve le long de l'ancienne route romaine connue sous le nom de voie sarde qui relait Lyon à Turin et fut réaménagée au XV11ème siècle par les Ducs de Savoie. Une promenade le long du chemin dans le défilé d'origine naturelle de la montagne mène de façon inattendue à un colossal monument de pierre de 15 mètres de haut dédié au duc Charles Emanuel II.

Un beau pont romain antique enjambe la gorge spectaculaire du Guiers Vif qui traverse le village et séparait le vieux Duché de Savoie de la France. Les jeunes locaux étaient connus pour sauter imprudemment du pont dans les eaux glacées. Il y a aussi un ancien poste de douane sculpté dans la roche à côté du pont, rien d'étonnant à cela en cet endroit là !

LA FERME BONNE DE LA GROTTE, Aquarelle et conté.

The village of St Christophe La Grotte is sited on an open plain and nestles against a tall cliff rock face that skirts the perimeter. I always enjoy the picturesque view high up overlooking the valley before entering the tunnel that leads to the museum of La Grotte. The museum has an interesting exhibition that illustrates the lives of the first prehistoric Chartreuse settlers. A visit to the Grotte, that was carved out by water 700 million years ago from the limestone rock, is a worthwhile experience with its underground streams, meandering galleries and beautiful stalagmites and stalactites. The cave entrance is alongside the ancient Roman road known as the Sardinian Way which stretched from Lyon to Turin and was redeveloped in the 17th century by the Dukes of Savoy. A walk along the Way through the natural gap in the mountain leads unexpectedly to a colossal 15 metre stone monument to one of the Dukes, Charles Emanuel 11.

LA VOIE SARDE, ROUTE DE NAPOLÉON, Aquarelle et conté.

Crossing the dramatic gorge of the river Guiers Vif that flows through the village and divided the old Duchy of Savoy from France, there is a beautiful ancient Roman bridge from which the local youth were known unwisely to leap from into the icy waters beneath. There is also an ancient custom's post carved into the rock alongside the bridge. No surprise there!

LE PONT ROMAN, Aquarelle et conté.

St - Laurent - du - Pont

La ville de St Laurent du Pont se situe au pied des falaises occidentales des montagnes du massif de la Grande Chartreuse. Le torrent du Guiers Mort descend en cascade depuis sa source dans la montagne jusqu'au pont routier de la ville après avoir traversé la cimenterie Vicat pour finalement rejoindre le lit de la rivière du Giers Vif à Entre Deux Guiers.

J'ai toujours considéré St Laurent du Pont comme étant la porte d'entrée de la Chartreuse; la route raide qui part de la place Saint Bruno serpente dans les montagnes, laissant voir de belles sculptures en pierre calcaire naturelle comme celle du Pic de l'Oeillette puis traverse le pont Saint Bruno, se poursuit sous les tunnels qui s'arquent au-dessus de la route et vous mène au monastère de la Grande Chartreuse et à la station de ski, St Pierre de Chartreuse.

PLACE ST BRUNO, *Aquarelle et conté.*

En plus de la cimenterie Vicat, la ville a developpé son industrie dans la métallurgie, les filatures et les scieries. Son lien avec le Monastère de la Grande Chartreuse a toujours été important d'autant plus que le fondateur de sa distillerie Bonal était à l'origine un ancien moine, Frère Raphael. Ordonné à 26 ans en 1850 mais ensuite expulsé de l'ordre Cartusien pour avoir mis enceinte une paysanne de la commune, il changea son nom en Hippolye Bonal. Comme il avait étudié la médecine et la pharmacie à Paris et à Lyon, il décida d'utiliser ses connaissances pour rivaliser avec la liqueur des Chartreux et créer sa propre boisson en 1865, La Raphaël. En 1899, la désormais célèbre Distillerie Bonal à St Laurent du Pont fut créée et produisit " La Laurentine " et " La Gentiane Quina Bonal. " L'imposant bâtiment est encore là dans le centre ville mais l'entreprise a finalement été vendue à la société Dolin

VOITURE L'ÉPOQUE, Aquarelle et conté.

déménagée à Chambéry. La ville possède quelques édifices très intéressants comme, entre autres, la Chapelle Notre Dame du Château perchée sur une colline ; sa grande façade ornée d'une horloge fixée sous la tour est clairement visible d'en bas. Un chemin en zigzag mène à elle et du sommet vous donne une vue magnifique de la ville et de ses environs.

St Laurent du Pont a toutefois vécu récemment une tragédie dévastatrice avec l'incendie de sa discothèque, le Cinq Sept Club, à 1h 40 le 1er novembre 1970, qui tua presque toute sa jeune génération. Ce devait être une soirée de concert hors norme avec la production du groupe de rock de Paris, " Les Storms ", à laquelle tous les jeunes de la ville ou de Chambéry, Voiron ou même Grenoble, voulaient assister. Lorsque l'incendie s'est déclaré, la foule s'est retrouvée piégée car les portes de sortie de la salle avaient été illégalement cadenassées pour empêcher l'arrivée des resquilleurs. L'incendie du mobilier en plastique toxique a créé un feu qui a coûté la vie à 146 personnes, la plupart adolescents. Les six membres du groupe de rock ont également péri. Seulement 30 personnes ont réussi à survivre en forçant une issue de secours et un tourniquet a lui-même été englouti par le feu. Le gérant du club Gilbert Bas a été jugé et reconnu coupable d'homicide involontaire. Il est difficile d'imaginer le terrible effet que la tragédie a dû avoir sur la ville car chaque famille a été touchée.

Un mémorial ainsi que le tourniquet d'origine sont érigés sur le site de l'incendie.

VUE DE LA CHAPELLE, Aquarelle et conté.

PLACE LÉON GAMBETTA, *Aquarelle et conté.*

The town of Saint Laurent du Pont is situated at the foot of the western cliffs of the Grande Massif Chartreuse mountains. The river Guiers Mort cascades down from its mountain source through the Vicat cement works along its river bed into the town passing under the road bridge to eventually join up with the river Giers Vif in Entre Deux Guiers.

I have always viewed Saint Laurent du Pont as being the gateway to the Chartreuse as the steep road from Place Saint Bruno winds its way up into the mountains passing beautiful natural limestone sculptures like the 'Pic de l'Oeillette,' then crossing the bridge St Bruno and driving through the arched tunnels that curve over the road which leads to the Monastery of the Grande Chartreuse and the ski town of St Pierre de Chartreuse.

In addition to the Vicat cement plant, the town has had industry involved with metallurgy, spinning mills and saw mills. It's connection with The Grande Chartreuse Monastery has always been important especially as the founder of the Bonal Distillery in the town was originally Brother Raphael a former monk. He was ordained at the age of 26 years in 1850, but was later expelled from the Carthusian order because he made a peasant woman from the commune pregnant. He subsequently changed his name to Hippolyle Bonal. As a student he had studied medicine and pharmacy in Paris and Lyon so he decided with his knowledge to compete with the Carthusian liquour and created his own drink in 1865, 'La Raphaël.' In 1899 the now famous Bonal Distillery in St Laurent du Pont was established and he produced, 'La Laurentine' and 'La Gentiane Quina Bonal'.

The imposing building still exists in the centre of the town, but the company was eventually sold to 'la société Dolin' and moved to Chambéry.

The town has some very interesting features, the chapel Notre Dame du Château on the hill with its large clock face set on its tower that is clearly visible from below being one of them. There is a zigzag path that leads up to it, and at the summit it gives you a great view of the town and the surrounding area.

Saint Laurent du Pont however has a tragic and devastating recent past when a discothèque fire at 1.40am on 1st November 1970 at the Cinq-Sept Club nearly killed a whole generation of its young. It was to be an exciting evening gig as an up and coming rock group from Paris, 'Les Storms' were due to perform that night and the local youth all wanted to be there. Youngsters from the local towns of Chambéry and Voiron and as far away as the city of Grenoble attended. When the fire broke out the crowd found themselves trapped as the exit doors of the hall had been illegally padlocked by the Club Manager to prevent gatecrashers. The fire from toxic plastic furnishings created an inferno that claimed the lives of 146 people most of them teenagers. The members of the six-piece rock group also perished. Initially only 30 people managed to survive before the alternative exit, a turnstile was itself engulfed by the inferno. The club manager Gilbert Bas was tried and found guilty of manslaughter. It is hard to imagine the terrible effect the tragedy must have had on the town as every family was affected.

A memorial, and the original turnstile, have been erected on the site of the fire.

PROMENADE DE LA CHAPELLE, *Aquarelle et conté.*

LES RÉSIDENCES BONAL, *Aquarelle et conté.*

PLACE ARISTIDE BRIAND, Aquarelle et conté.

Le Monastère de la Grande Chartreuse

L'une des deux routes forestières qui mènent au monastère suit le lit d'une rivière bordée de gros rochers calcaires recouverts de mousse et parfois d'arbres. Le cours d'eau est actif en hiver lorsque la neige fond, mais pendant les mois d'été il est généralement à sec. Si vous êtes chanceux, vous surprendrez peut-être un chamois, mais la région est tout à fait calme, en dehors du chant des oiseaux et du vent bruissant dans les arbres. Les bords de route sont parsemés de fleurs sauvages. C'est beau et cela porte bien son nom de " Zone de silence ". Cela respecte le souhait des moines chartreux qui résident dans le monastère où ils se consacrent à la méditation et à la prière.

Quand j'y suis enfin arrivé, j'ai trouvé la vue d'ensemble impressionnante; situé dans la clairière d'une forêt, le monastère est entouré de hauts murs et recouvert de toits d'ardoises pentus avec, à l'arrière, la montagne du Grand Som qui se dresse majestueusement. Il a été construit en 1688 puis rénové et agrandi au cours du XVIIIème siècle. Il est fermé aux visiteurs, mais deux kilomètres plus bas un autre chemin vous mène au Musée de la Correrie, autrefois occupé par les moines et ouvert à la visite. Le musée décrit la vie quotidienne des moines et a reconstitué à l'identique des pièces intérieures du monastère pour tenter de recréer son atmosphère.

One of the two forest roads that lead up to the monastery follows a river bed bordered with large limestone boulders covered in moss and the occasional tree. The stream is active in the winter when the snow melts but in the summer months it is generally dry. If you are lucky, you might disturb a chamois, but the region is generally quiet, except for the bird song and the wind rustling the trees. The verges along the road are dotted

L'ENTRÉ DU MONASTÈRE, Aquarelle et conté.

with wild flowers. It is beautiful, and is well named, 'La zone de silence.' It respects the wishes of the Carthusian monks who reside in the monastery and dedicate themselves to a life of meditation and prayer.

When I finally arrived at the monastery I found the view awesome. It is in a forest clearing surrounded by high walls with steep slate covered roofs and the mountain of the Grand Som looming majestically up behind it. It was built in 1688 and renovated and enlarged during the 18th century. It is closed to visitors, but two kilometres down the alternative access road leads you to the Correrie Museum once occupied by the monks that you can visit. The museum describes the daily lives of the monks and has constructed some replicas of the monastery's interior rooms in an attempt to recreate its atmosphere.

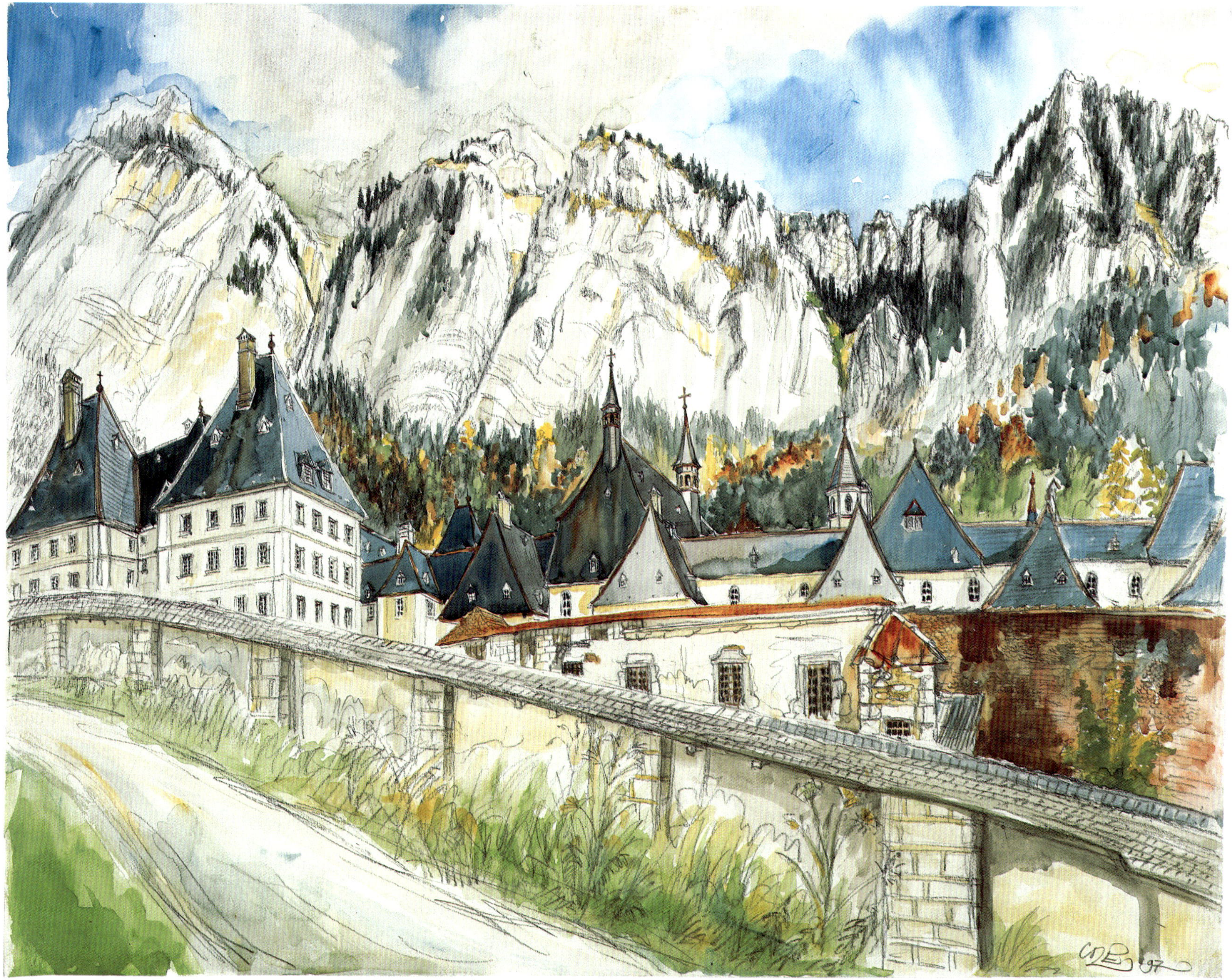

St-Pierre-de-Chartreuse

TROIS MOINS CARTUSIAN, *Aquarelle et conté.*

I was very fortunate when I arrived in the ski resort of St Pierre de Chartreuse to be able to sketch a small group of three Carthusian visiting monks from the local Monastère de la Grande Chartreuse. The town has another important religious connection as a large collection of contemporary sacred art by the artist Arcabus (1926-2018) is installed in the interior of the church of Saint Hugues de Chartreuse. The much celebrated Belgian singer, songwriter Jacques Brel (1929-1978) lived in the village.

LE MONTAGNE LE GRAND SOM, *Aquarelle et conté.*

A mon arrivée dans la station de ski de Saint Pierre de Chartreuse, j'ai eu la grande chance de pouvoir esquisser un petit groupe de trois moines cartusiens en visite depuis leur monastère voisin de la Grande Chartreuse. La ville a un autre lieu religieux important étant donné qu'une grande collection d'art sacré contemporain de l'artiste Arcabas (1926-2018) est installée dans l'église de Saint Hugues de Chartreuse. Le célèbre chanteur, auteur, compositeur belge, Jacques Brel (1929-1978), a vécu dans le village.

LE MONTAGNE CHAMECHAUDE, *Aquarelle et conté.*

La Tour-du-Pin

A l'approche de La Tour du Pin dans la vallée de la Bourbre, que ce soit en train ou par la route de Pont de Beauvoisin, votre regard est immédiatement capté par l'impressionnante église du X1Xème qui domine la ville. Elle est magistrale avec son toit couvert de tuiles bicolores jaune - brun en céramique vernissée qui brillent au soleil. Sa présence imposante était évidemment voulue par l'architecte. L'église abrite comme joyau un inestimable triptyque religieux du XV1ème siècle, peint sur bois et représentant l'ascension du Christ vers le Calvaire, sa descente de croix et sa mise au tombeau. La peinture, restaurée par le Louvre, a conféré un statut élevé à ce chef d'œuvre.

C'est un grand plaisir de pouvoir se tenir devant ce triptyque dans son humble environnement et de savourer la maîtrise de sa composition. Le triptyque n'est pas signé et l'artiste a jusqu'à présent été appelé 'Le Maître de La Tour du Pin', mais la peinture a récemment été attribuée à l'artiste allemand, George Penez, également connu comme élève d'Albrecht Dürer.

On pense que le triptyque a été donné en remerciement à la ville en 1833 par un artiste qui y a recouvré la santé alors qu'il souffrait d'une longue maladie. Sur les volets, commandés par la ville, un deuxième triptyque intitulé " la visite des Mages d'orient " peint par le maître d'Art Sacré Arcabas,

L'ÉGLISE NOTRE DAME DE L'ASSOMPTION, *Aquarelle et conté.*

LE FACTEUR MICHEL AUNEVEUX, Aquarelle et conté.

(1926 - 2018) a été installé en 2000. L'église possède également une chaire très finement sculptée et décorée avec des sculptures des évangélistes réalisées par Aubert en 1891.

En quittant l'église, vous descendez sur la place de la ville bordée par un imposant bâtiment, Les Halles, avec sa fine ligne de colonnes. Une partie de celles-ci abrite encore les étals du

PLACE ANTONIN DUBOST, *Aquarelle et conté.*

marché hebdomadaire du jeudi, ainsi que le nouvel office de tourisme. En son centre, la place dispose d'une attrayante fontaine dont l'eau éclabousse les dauphins du Dauphiné.

La maison des Dauphins, construite en 1504, est un bâtiment qui exerce sur moi une grande fascination. On avait autorisé sa destruction mais, malgré son aspect sale et

LE JEUDI MARCHÉ, Aquarelle et conté.

abandonné, son intrigante façade révélait quelques caractéristiques aussi belles qu'uniques. Le bâtiment a finalement été restauré puis rénové afin de le transformer en espace d'exposition. Sur la façade, les fenêtres d'origines entourées de leurs pierres ornées, telles que je les avais vues lors de ma première visite il y a 50 ans, ont toutes été modifiées et certaines remplacées par de grandes baies vitrées. La seule caractéristique inchangée est la belle porte d'entrée en châtaignier ornée de clous en pointe de diamant et surmontée de son fronton triangulaire. Par un ami architecte j'appends que certaines des caractéristiques que j'avais appréciées étaient en fait gothiques et avait été ajoutées à une période ultérieure; ce que nous voyons maintenant est probablement plus proche de l'original, à l'exception bien sûr des baies vitrées. Je comprends que la restauration ait été controversée à l'époque et que de nombreuses concessions ont dû être faites, mais pour être honnête, le romantique en moi préfère la façade de la maison comme je l'ai vue à l'origine.

Toute la question sur la restauration pertinente et appropriée me rappelle l'époque où j'ai peint un tableau de la mairie du XVIIIème siècle à Saint Geoire en Valdaine. Elle aussi était en mauvais état et l'enduit de façade tombait, exposant aux intempéries les pierres du dessous. J'ai publié le tableau sous forme de carte postale et lorsque le maire, Monsieur Chaise, l'a regardée, il a été horrifié. À travers mes yeux, il voyait sa précieuse mairie pour la première fois et ordonna immédiatement que le bâtiment soit restauré. Puissance à l'artiste ! L'enduit a ensuite été enlevé et les pierres nettoyées. La mairie a maintenant l'air immaculée. J'ai dûment réalisé une autre peinture de celle-ci entièrement restaurée et publié une autre carte postale pour célébrer sa renaissance. Dans ce cas - ci, je préfère ce dernier état.

Approaching La Tour du Pin in the valley of the Bourbre by train or by road from Pont de Beauvoisin, you are immediately aware of the impressive 19th century church of Notre Dame de l'Assomption which towers over the town. It is magisterial with its brightly coloured yellow and brown decorative glazed ceramic roof tiles that gleam in the sunshine. It has a commanding presence which is what its architect was obviously intending. The church houses a gem in the form of an impressive 16th century religious triptych painted on wood, which depicts Christ's entombment, his ascent to Calvary, and his descent from the cross. The painting has been restored by the Louvre which has given it an elevated status. It is a great joy to be able to stand in front of this masterpiece in its humble environment and enjoy the mastery of its composition. The triptych is unsigned, and the artist has for centuries been referred to as 'The Master of La Tour du Pin' but the painting has now been attributed to the German artist Georges Penez who also has the distinction of being a pupil of Albrecht Dürer.

It is thought that the triptych was given in gratitude to the town in 1833, by an artist who convalesced there back to good health whilst suffering from a long illness. A second tryptic ' The visit of the Magies of the Orient' painted by the 'master of sacred Art' Arcabus (1926 - 2018), was commissioned by the town and installed in the church in the year 2,000. The church also has a very fine carved pulpit decorated with sculptures of the evangelists by the sculptor Aubert in 1891.

On leaving the church you descend into the town square with the imposing Les Halles building with its fine line of columns. Part of the covered space still houses market stalls during the

PLACE ANTONIN DUBOST, Aquarelle et conté.

weekly Thursday market and the new tourist office. The square has at its centre an attractive fountain with water spraying Dauphiné dolphins.

The Maison des Dauphins which was built in 1504 is a building that has a great fascination for me. It had been allowed to decay and was black and unkempt, but the façade of the building

MAISON DES DAUPHINS, RESTAURÉ, Aquarelle et conté.

was intriguing and had some unique and beautiful features. The building has now been renovated and restored in order to transform it into an exhibition space. The original windows and their ornate stone surrounds on the façade that I remember from my first visit 50 years ago, have all been changed, altered, and some replaced with large picture windows. The only feature that hasn't altered is the beautiful ornate chestnut front door decorated with diamond pointed nails with triangular heads. I understand from an architect friend that some of the features I had enjoyed were Gothic and had been added at a later period and that what we now see is probably closer to the original, with the exception of course of the picture windows. I understand that the restoration was very controversial at the time and many concessions had to be made, but to be honest, the romantic in me prefers the building as I originally saw it.

The whole question of relevant and appropriate restoration reminds me of the time I did a painting of the 18th century town hall in Saint Geoire en Valdaine. It too was in a bad state of repair and the render on the façade was falling off exposing the stone work beneath. I published the painting as a postcard and when the mayor Monsieur Chaise saw it he was horrified. He was seeing the building for the first time through my eyes and immediately ordered that the town hall building should be restored. Power to the artist! The render was subsequently all removed and the stone work repointed. The town hall now looks pristine. I duly painted it again fully restored and published another postcard to celebrate. In this case I prefer the latter state.

MAISON DES DAUPHINS, CIRCA 1970, Aquarelle et conté.

Le Château de Virieu

En arrivant au Château de Virieu, il est aisé de comprendre pourquoi la campagne de la Bourbre a inspiré le travail de certain artistes célèbres au cours des derniers siècles. Johan Barthold Jongkind (1819 - 1891) a peint de nombreuses années dans cette vallée, et Pierre Bonnard (1867-1947), qui passait ses vacances en famille à Grand Lemps, a peint quelques-unes de ses premières oeuvres au château.

Le Château de Virieu, dont la construction s'étend du X1ème au XV111ème siècle, a l'aspect d'une fortification médiévale avec un jardin traditionnel français le long de ses murs intérieurs. On entre au château par une magnifique porte décorée de 2115 clous fasconnés à la main. Sûrement pas une porte qui vous invite à vous appuyer contre elle !

L'ENTRÉ DU CHÂTEAU, Aquarelle et conté.

Le château abrite dans ses murs le grand salon, une chapelle, une chambre blanche, une cuisine ancienne et, dans la salle à manger, une cheminée monumentale du XVème siècle. Dans la cour principale, une rangée de canons anciens est en place. Ils ont été offerts en 1622 par Louis XIII, probablement en remerciement pour la nuit tranquille passée dans la chambre du roi cette année là. Il était de coutume dans les châteaux d'avoir une Chambre du Roi prête et disponible au cas où, lors de ses voyages autour du royaume, le roi aurait eu besoin d'un lit et d'un petit déjeuner, peut-être précédé la veille par un somptueux banquet !

Pendant l'occupation allemande de la Seconde Guerre Mondiale, le Marquis et la Marquise de Virieu ont soutenu la Résistance française et risqué leur vie en cachant des armes et des munitions dans le donjon du château. En 1943 ils ont caché deux mamans juives polonaises et leurs enfants pendant 6 mois. Dénoncée, la famille de Virieu a dû quitter le château pour se

LE JARDIN NOEUD, Aquarelle et conté.

COUR INTÉRIEUR AVEC LES CANONS, Aquarelle et conté.

réfugier dans l'Ain et le Vercors où elle a poursuivi ses actions de résistance dans la clandestinité. La famille reviendra au château à la fin de la guerre.

Quant à la famille juive, elle a ensuite trouvé un nouveau refuge chez les sœurs de Notre Dame de Sion à Lyon.

It is easy to see on arrival at the Château de Virieu in the Bourbre valley, why it has inspired some famous artist's work over the past two centuries. Johan Barthold Jongkind (1819-1891) spent many years painting in the valley and Pierre Bonnard (1867-1947) who spent his family holidays in Grand-Lemps, painted some of his early works at the Château.

Château de Virieu was built during the 11th-18th century and has a medieval fortified appearance with a traditional French knot garden alongside its inner walls. The main entrance to the Château is through a magnificent door that is decorated with 2,115 studded hand made nails. Not a door that invites you to lean against it!

The Château has within its walls the Great hall, a chapel, a white bedroom, an ancient kitchen and in the dining room a monumental 15th century fireplace. In the main courtyard a row of ancient cannons are in place. They were given in 1622 by Louis XIII when he stayed in the King's Chamber the same year, probably as a thank you for a quiet night's sleep. It was a requirement that important châteaux should have a King's bedroom ready and waiting should the king be in need of a bed and breakfast, perhaps preceeded by a lavish banquet on his travels around the kingdom.

During the German occupation in the 2nd World War the Marquis and Marquise de Virieu supported the French Resistance and risked their lives by hiding guns and ammunition in the Château's dungeon. In 1943 they hid two Polish Jewish mothers and their children for six months. They were denounced and the Virieu family were forced to escape and hide in the the Ain and the Vercors region where they continued their resistance activities. The family returned to Virieu at the end of the war.

The Jewish family were then safely hidden by the sisters of Notre Dame de Sion de Lyon.

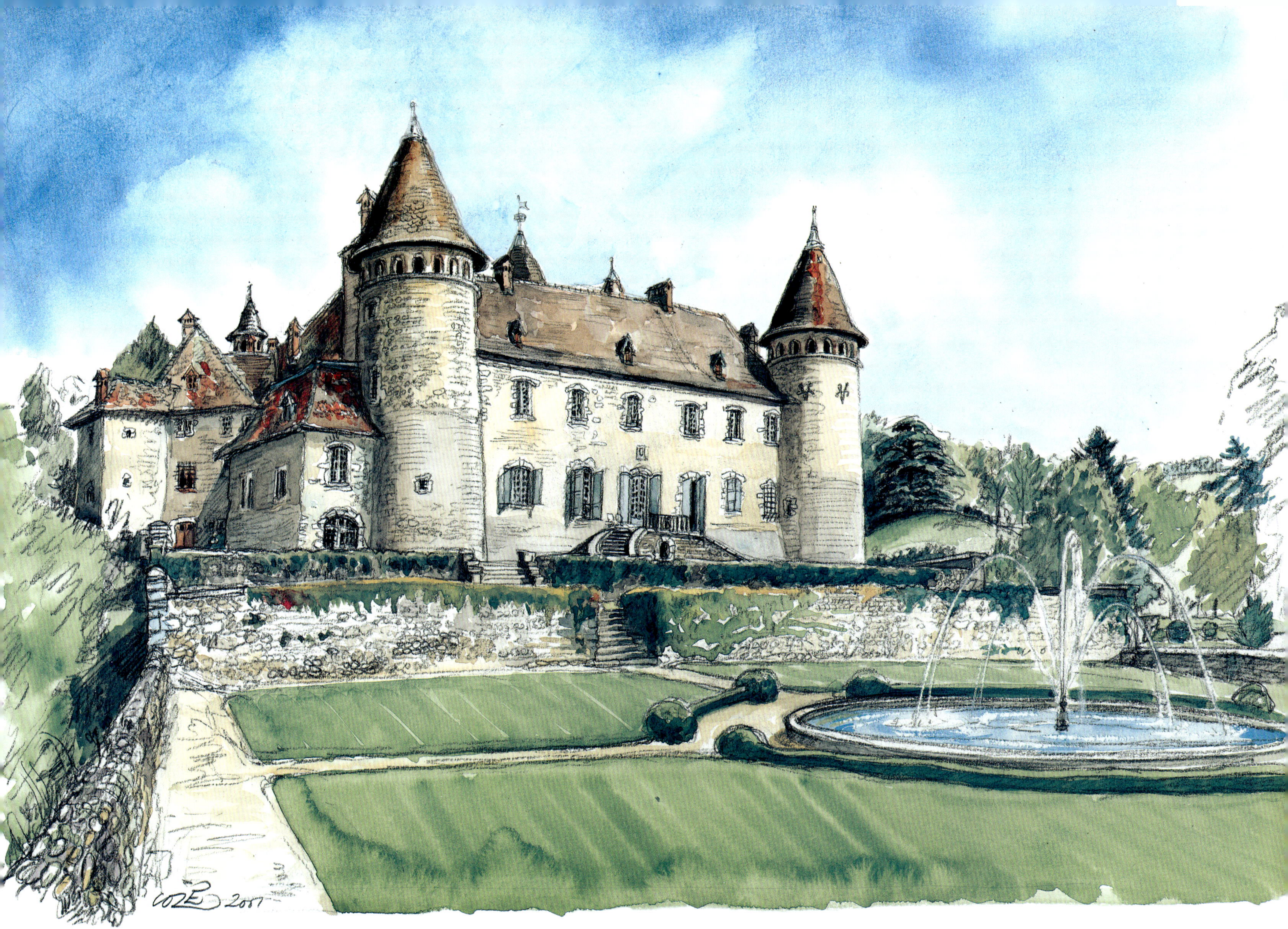

Lac de Paladru

Le beau Lac de Paladru, d'une étendue de 6 km, est le plus grand des lacs naturels du Dauphiné. Des collines verdoyantes l'entourent ainsi que les villages de Bilieu, Paladru, Charavines, Le Pin et Montferrat.

Le lac est un lieu populaire de baignade et de sports nautiques mais il cache un joyau archéologique dans ses profondeurs : le petit village médiéval de Colletière dont les quatre ou cinq maisons sont submergées sous 4 à 6 mètres d'eau. Des armes anciennes, des céramiques culinaires, des paniers, des peignes en bois, des haches en pierre polie, des poignards en silex et un canot font partie des trésors rapportés à la surface. Ils sont exposés dans le musée archéologique local.

LA PLAGE DU LAC, CHARAVINES, Aquarelle et conté.

Fossilisé dans le lac, un bois noir d'environ 2000 ans a fourni un approvisionnement précieux aux artisans du XVIIIème siècle pour la marqueterie et la pose de parquets géomètriques. Il est maintenant illégal d'enlever les troncs d'arbres fossilisés.

The beautiful Lac de Paladru is the largest of the natural Dauphiné lakes stretching for 6 kilometres surrounded by verdant rolling hills and the villages of Bilieu, Paladru, Charavines, Le Pin and Montferrat.

The lake is a popular bathing and water sports venue but it has hidden depths. The small medieval village of Colletière of four or five houses is submerged under 4-6 metres of water and is an archaeological gem. Ancient weapons, culinary ceramics, baskets, wooden combs, polished stone axes, flint daggers and a dug out canoe are among the treasures that have been brought to the surface. They are on display in the local archaeological museum.

The lake has also produced black fossilised wood some 2,000 years old which was very valuable for use in the 18th century by artisan craftsmen for marquetry and laying geometric parquet floors. It is now an illegal practice to remove the fossilised tree trunks.

LE LAC DE PALADRU, Aquarelle et conté.

UN HOMME ET SON CHIEN, LE BURLET, Aquarelle et conté.

Saint-Geoire-en-Valdaine

Saint Geoire en Valdaine est un village que je connais depuis 50 ans lorsque j'étais un jeune étudiant en art. J'étais venu chez un ami écossais Keith Dickson qui y vivait et y travaillait afin d'améliorer son niveau de conversation en français. C'était la première fois que je voyageais à l'étranger et le village m'avait fait une grande impression. Le mode de vie français différait beaucoup de mon éducation anglaise ; aux alentours, la belle campagne, avec les lacs et les montagnes spectaculaires de la Chartreuse, était captivante. J'ai beaucoup peint ou dessiné les paysages urbains, les habitants jouant aux cartes dans les cafés et jouant dans le village à la pétanque, jeu qui m'était alors inconnu. J'ai réussi à revenir les années suivantes et lorsque finalement, en 1991, la Vieille Forge du XVIème siècle a été à vendre, je l'ai achetée puis amoureusement restaurée et aménagée en logement - atelier où depuis lors, chaque été j'y expose mes dernières oeuvres.

Dans les années 60, le village était florissant et plein d'énergie, mais au fil des ans, comme d'autres bourgades, il a perdu certains magasins constraints de fermer en raison de la concurrence des grands supermarchés. Cependant, le village a heureusement conservé deux excellentes boulangerie et boucherie qui attirent quotidiennement les gens pour y faire leurs courses. Le bourg est également agrémenté d'un café animé, de salons de coiffure et de bien-être, d'un fleuriste, d'une bibliothèque et de l'Auberge du Val d'Ainan. Beaucoup d'habitants de St Geoire font désormais la navette en partant tôt le matin travailler dans les grandes villes de Voiron, Grenoble et Lyon pour revenir tard dans la soirée. Cela a inévitablement impacté la vie sociale et commerciale du village qui s'est aussi développé comme ville dortoir de Voiron.

Saint Geoire, malgré ces inévitables changements, reste encore un joyau. Il possède sept beaux châteaux ; le plus grand, celui de Longpra, est ouvert au public et classé " monument historique " comme l'est l'église du XIIème siècle sur la place du village. Construite à l'époque où la puissante famille Clermont dominait la région, cette église est un vrai régal architectural : l'allée centrale de la nef a la particularité d'être bordée de neuf colonnes robustes, cinq colonnes sur le côté sud de l'allée mais seulement quatre sur le côté nord de sorte qu'elles sont asymétriques. Personne ne semble savoir comment cela s'est produit, mais comme vous pouvez l'imaginer il y a beaucoup de théories fantaisistes, comme celle de l'ivresse, du manque d'argent ou d'une perte de direction. Toutefois, cela m'a permis de relever le défi de dessiner l'intérieur de l'église.

Les peintures murales ont malheureusement été détériorées avec le temps, mais pour moi, fils d'un sculpteur sur bois ecclésiastique, la caractéristique la plus impressionnante de l'église est celle des stalles du chœur, superbe réalisation en bois du XVème siècle, décorées de belles caricatures sculptées représentant des portraits de femmes à longs cous dans les coiffures traditionnelles d'époque aux côtés de visages expressifs d'hommes avec tout un répertoire de barbes et de casques variés. On pense qu'il s'agit de portraits de membres de la famille Clermont.

La façade extérieure de l'église est décorée de sculptures en pierre de saints et de chérubins, désormais sévèrement érodées, mais le sommet, loin de l'interférence humaine, est orné d'une superbe sculpture en pierre, La Résurrection du Christ, dans un état remarquable de préservation.

En 2012 j'ai publié un livre du village de Saint-Geoire-en-Valdaine sur ses personnages que j'ai connus et sur mes expériences vécues au fil des décennies. *'Portrait d'un village français par un artiste anglais.'* ISBN: 978-0-9574260-1-6.

LA VIEILLE FORGE, Aquarelle et conté.

L'ARRIVÉE DES PREMIERS ABRICOTS VENUS TOUT DROIT DE LA CHALEUR DE LA DRÔME VOISINE, A CRÉE UNE ÉTONNANTE LUEUR ORANGÉE, Aquarelle et conté.

DIMANCHE MATIN, Aquarelle et conté.

L'ARBRE DE NOËL, Aquarelle et conté.

Saint Geoire en Valdaine is a village I have now known for over 50 years from when as a young art student, I came out to stay with a Scottish friend Keith Dickson who was living and working there in order to improve his conversational French. It was the first time I had travelled abroad and the village made a great impression on me. The French lifestyle was very different from my upbringing in England, and the beautiful countryside with the lakes and the dramatic Chartreuse mountain range were enthralling. I made many paintings and drawings of the townscapes, the locals in the cafés playing cards and in the village playing Boules, a game that was unfamiliar to me. I managed to return over the years and eventually in 1991 the old 16th century Forge was for sale which I bought and lovingly restored into a studio and living accommodation. Every summer since then I have had an Exhibition of my latest work in the studio.

In the 60's the village was thriving and full of energy, but over the years it has lost its vigour like so many other towns, the shops having been forced to close down due to competition from the large supermarkets. The village has however fortunately retained an excellent Boulangerie and Boucherie that bring people daily into the centre to shop with the additional amenity of a flourishing café, florist, hairdressers, a library, and the Auberge du Val d'Ainan. Many of St Geoire's inhabitants now commute, travelling early in the morning to work in the larger towns of Voiron, Grenoble and Lyon returning late in the evening. This has inevitably changed the social life and business style of the village. It has also increased its size as it has become a dormitory town for local Voiron.

Saint Geoire however despite the inevitable changes is still a gem. It boasts seven beautiful châteaux, the largest, Château de Longpra is classified as an important 'Monument Historique' and is open to the

L'INTÉRIEUR DU ÉGLISE, Aquarelle et conté.

public. The 12th century church in the village square is also a 'Monument Historique' and is an intriguing architectural delight. Built during the period when the powerful Clermont family dominated the region the central aisle in the nave runs between nine sturdy columns. The puzzle is that there are five columns on the south side of the aisle but only four on the north side so they are not symmetrical to one another. Nobody seems to know how this happened, but as you can imagine there a many fanciful theories including drunkenness, lack of money and a loss of direction. However it made the drawing of the interior of the church an interesting challenge.

Sadly the mural paintings inside the church have very badly deteriorated with the passage of time, but for me, the son of an ecclesiastical woodcarver, the most impressive feature of the church are the superbly crafted 15th century wooden choir stalls. These are decorated with beautiful carved 'caricature portraits.' The intricate relief wood carving shows long-necked women in traditional head-dresses of the period alongside the expressive faces of men with an assortment of different beards and helmets. They are thought to be portraits of members of the Clermont family.

The exterior façade of the church is decorated with by now severely eroded stone carvings of saints and cherubs, but high up at the apex and away from human interference is a superb large relief stone carving of the Resurrection of Christ from his tomb, in a remarkable state of preservation.

In 2,012 I published a book of the village of Saint Geoire en Valdaine and its characters that I have known together with my experiences over the decades.

'Portrait of a French village by an English artist.

ISBN: 978-0-9574260-0-9.

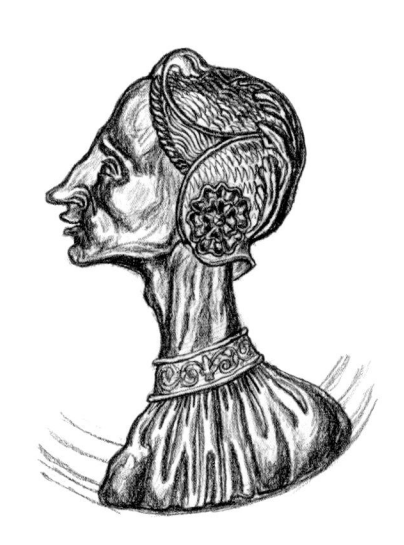

Velanne

Au-dessus de Saint Geoire en Valdaine se niche le village de Velanne. Il a une population d'environ 600 habitants, une église, une école, un bar, un restaurant appelé 1884 et, ce qui manque aux Saint Geoiriens, une vue magnifique sur les montagnes de la Grande Chartreuse que j'ai aimé peindre en arrière plan derrière l'église. J'avais peint des vues du village en 1992 et, entre temps, la zone appelée " La Sauge " a été lotie de maisons nouvelles, et les arbres dans mon tableau " Les Pommiers de Velanne " ont tellement poussé qu'il occultent maintenant la vue de l'église.

ÉGLISE DE VELANNE, *Aquarelle et conté.*

High above Saint Geoire en Valdaine is the village of Velanne. It has a population of around 600, a church, a school, a bar, a restaurant called 1884 and what the Saint Geoiriens lack, a glorious view of the Chartreuse mountains which I enjoyed painting from behind the church. In 1992 I painted the views of the village and in the intervening years the quarter called 'La Sauge' has had many more houses built on it, and the apple trees in my painting 'Les Pommiers de Velanne' have grown so large that they now obscure my view of the church.

LA SAUGE DE VELANNE, *Aquarelle et conté.*

LES POMMIERS DE VELANNE, Aquarelle et conté.

Château de Longpra

Le Château de Longpra a été construit sur les fondations d'une maison fortifiée du XIIème siècle démolie en 1755 par Pierre Antoine Pascalis de Longpra, architecte amateur et membre du parlement de Grenoble. Son but était de construire un somptueux manoir aristocratique qu'il réalisa avec l'aide et les conseils des maçons et charpentiers locaux de Saint Geoire en Valdaine, du très talentueux ébéniste grenoblois Hache, et de quelques artistes italiens. Quelques beaux exemples de l'œuvre de Hache, maintenant vénéré et considéré comme un génie, peuvent être vus dans le salon principal, tel ce magnifique bureau avec une fine marqueterie incrustée posé sur le parquet géométrique réalisé à la fois de bois noir fossilisé vieux de 2,000 ans provenant du Lac de Paladru et de différents bois durs. L'effet est assez stupéfiant. L'atmosphère fortifiée du site est conservée par les douves qui entourent la maison et par le pont-levis du XVIIème siècle qui mène à la cour principale. Les terrassements défensifs ont été transformés en pelouses et les douves sont maintenant remplies de nombreuses grosses carpes. L'approche du château est également impressionnante par son avenue bordée d'arbres.

Le château appartient à la famille de Franclieu depuis 1536. Il est aujourd'hui classé Monument Historique. Au fil des ans, j'ai vu le comte et la comtesse Albert de Franclieu acquérir une réputation d'une part pour l'organisation d'expositions d'art et de sculptures grâce à de nombreux prêts de musées et d'autre part pour la présentation de soirées musicales. Un musée permanent d'anciens outils en bois et de machines à travailler le bois a été installé dans l'ancienne magnanerie qui vaut bien une visite.

L'histoire familiale pendant la Révolution Française de 1789 est fascinante car la comtesse de l'époque a été épargnée de l'exécution à la guillotine grâce à la défense de la population locale en raison des bonnes oeuvres prodiguées pour les Saint Geoiriens. L'une de ses tâches consistait à maintenir illégalement le service de la bénédiction des sacrements dans la chapelle du château alors que c'était interdit par le gouvernement. Si cela avait été découvert, elle aurait été emprisonnée ou condamnée à mort.

LA PORTE D'ENTRÉ, *Aquarelle et conté.*

CHÂTEAU DE LONGPRA, *Aquarelle et conté.*

MUSÉE DES UTILS À BOIS, *Aquarelle et conté.*

Château de Longpra was built on the foundations of a 12th century fortified house which was demolished in 1755 by Pierre Antoine Pascalis de Longpra, who was an amateur architect and a member of the Grenoble parliament. His aim was to build a sumptuous aristocratic mansion which he achieved with the help and guidance of the local masons and carpenters of St Geoire en Valdaine, the highly skilled Grenoble cabinet maker Hache, and some Italian artists. Some fine examples of the work of Hache who is now revered and considered a genius can be seen in the main drawing-room. Displayed is an exquisite desk with fine inlaid marquetry and the geometric parquet flooring that uses 2,000 year old fossilised black wood from the nearby Lac de Paladru laid alongside a mixture of hard woods. The effect is quite stunning. The fortified feel of the site is retained by the moat that surrounds the house and the 17th century drawbridge that leads to the main courtyard. The defensive earthworks have been transformed into lawns and the moat is now stocked with shoals of large carp. The approach to the château is also impressive along a tree lined avenue.

The château has been owned by the Franclieu family since 1536 and is now classified as an important Monument Historique. The Count and Countess Albert de Franclieu over the years, have gained a reputation for curating Fine Art and Sculpture Exhibitions many on loan from Museums and presenting musical soirées. A permanent museum of ancient wood tools and machinery has been installed in the old silk house which is well worth a visit.

COUCHER DU SOEIL, Aquarelle et conté.

The family history during the French Revolution of 1789 is fascinating as the Countess was spared aristocratic execution by Madame Guillotine as she was defended by the local population because of the good works she had administered on their behalf. One of her tasks was illegally continuing the service of Blessing of the Sacraments in the Château's Chapel which was banned by the government. Had it been discovered she would have been imprisoned or sentenced to death.

REMERCIEMENTS

Je tiens à remercier tous ceux dont la collaboration précieuse a permis à ce livre de voir le jour.

Keith Dickson qui, le premier, me fit connaître Saint Geoire et la région il y a plus d'un demi siècle.

Robin Cannon, le graphiste de cette publication, qui a fait preuve d'une patience infinie envers le sous-doué de l'informatique que je suis.

Mon épouse Felicity, qui m'a encouragé à réaliser ce livre.

Scholastique Dugueyt pour son excellente traduction du texte anglais.

Je tiens à remercier les directrices des Offices de Tourisme pour leur aide inestimable.
Séverine Poete, Office de Tourisme, Morestel.
Veronique Arrin, Office de Tourisme, St Pierre d'Entremont.
Christiane Prat, Office de Tourisme, La Tour du Pin.

Je remercie aussi tous ceux qui ont autorisé la reproduction de mes peintures et dessins originaux qui figurent dans leurs collections privées ainsi que mes fidèles amis du village qui ont, avec beaucoup de générosité, accueilli un artiste britannique au sein de leur communauté.

LE BON VIVANT, *L'huile sur toile*

Biography

RICHARD COLE est né à Londres en 1942. Fils d'un sculpteur sur bois d'œuvres religieuses, il a étudié la peinture à Wimbledon School of Art. Après ses études, il a enseigné cinq ans avant que sa carrière ne décolle comme caricaturiste, dessinateur politique et artiste reporter. Pendant plus de 35 ans il a travaillé pour les grands journaux et chaînes de télévision d'Outre-Manche, tels que The Times, The Daily Telegraph, The Guardian, The Financial Times, Channel 4 TV News, est BBC Newsnight.

CBS News l'a employé pour les débats dans le Parlement Britannique et pour de grands procès - tel que celui du criminel de Guerre, Klaus Barbie, à Lyon en 1987.

En 2004 il était le seul artiste de la cour de justice à Baghdad pour les cours martiales de soldats américains accusés " d'actes de torture " à Abu Ghraib en Irak. Aujourd'hui il partage son temps entre ses ateliers en France et au Royaumes Uni poursuivant son intérêt pour les beaux arts. En 2013, il a publié, " Portrait d'un village français par un artiste anglais. "

OEUVRES DANS LES COLLECTIONS NATIONALES

The British Museum, The Bank of England Museum, Wimbledon Tennis Museum, Sammlung Karikaturen et The Cartoon Museum, Basel, Switzerland, The Ashmolean Museum Oxford.

www.richardcoleltd.com

L'AMIS DU PATRON, L'huile sur toile